운동과학 전문가가 알기 쉽게 설명한

바른 운동

"이 책을 구입하는 것은
운동전문가를 곁에 두는 것과 같다."

– 체육학 박사 **고영정**

운동과학 전문가가 알기 쉽게 설명한

바른 운동

초판 1쇄 발행일 2018년 10월 22일
초판 2쇄 발행일 2020년 1월 5일

지은이 고영정
펴낸이 양옥매
디자인 임홍순, 송다희
교 정 조준경, 허우주

펴낸곳 도서출판 책과나무
출판등록 제2012-000376
주소 서울특별시 마포구 방울내로 79 이노빌딩 302호
대표전화 02.372.1537 팩스 02.372.1538
이메일 booknamu2007@naver.com
홈페이지 www.booknamu.com
ISBN 979-11-5776-627-7(03690)

이 도서의 국립중앙도서관 출판시도서목록(CIP)은 서지정보유통지원 시스템
홈페이지(http://seoji.nl.go.kr)와 국가자료공동목록시스템
(http://www.nl.go.kr/kolisnet)에서 이용하실 수 있습니다.
(CIP제어번호 : CIP2018031487)

운동과학 전문가가 알기 쉽게 설명한

바른운동

/ 고영정 지음 /

Right Exercise, Healthy Life

책나무

바른 운동, 건강한 삶

운동이 몸에 이롭다는 말은 살면서 수없이 많이 들었을 것이다. 어떠한 운동이든 적절히, 적당하게 하면 나이가 들어도 건강한 몸을 유지할 수 있다. 이렇듯 운동은 우리 몸에 많은 순기능을 하여 삶을 더욱 활기차고 윤택하게 해 준다.

하지만 바쁜 현대사회를 살아가는 사람들이 운동을 꾸준히 지속하기란 쉽지 않고, 전문가의 도움을 받는 것도 어려운 현실이다. 결국 운동할 시간이 없거나 운동에 관심이 없는 사람들은 몸을 움직이지 않아서 문제가 생기게 된다. 또한 잘못된 운동지식으로 운동하거나 너무 과한 운동을 하는 사람들도 문제가 된다.

누구나 한 번쯤 목표를 가지고 운동을 해 봤을 것이다. 건강을 위해 운동을 해야 한다는 생각에는 누구나 공감하겠지만, 운동에 대한 정확한 지식 없이 무작정 운동을 하거나 잘못된 운동을 지속하게 된다면 오히려 운동을 하지 않는 것보다 못하다. 나이가 들어서도 건강과 운동능력을 유지하기 위해서는 운동이 인체에 미치는 영향을 제대로 알고, 자신의 신체를 어떻게 관리해야 하는지를 알아야 한다.

운동은 왜 제대로 해야 하는가? 필자가 한창 운동을 열심히 했던 8~

90년대에는 운동과학이 지금처럼 발달하지 못했다. 그 시절 운동지도자들은 대부분 자신이 운동했던 경험을 바탕으로 지도했기 때문에 운동을 왜 그렇게 해야 하는가에 대한 과학적 명확함이 부족했다. 필자도 운동을 오랜 기간 하면서 많은 시행착오를 겪었다. 지금 생각해 보면 참 효과적이지 못한 운동방법으로 무리하게 운동했던 것 같다.

오늘날 웰빙이 강조되고, 운동과학이 발달하면서 바르게 운동하는 방법과 운동이 인체에 미치는 영향에 대한 연구가 활발하게 진행되고 있다. 이 책은 운동에 관한 올바른 지식을 독자에게 알려 주어 바른 운동을 할 수 있도록 하는 데에 목적이 있다. 필자 또한 운동을 평생 할 것이고, 사랑하는 자식과 제자들에게도 바른 운동법을 알려 주고 싶은 마음에 책을 집필하게 되었다.

이 책은 오랜 기간 직접 운동을 즐기고, 운동과학을 공부하여 많은 이들을 지도한 필자의 경력을 바탕으로 독자들에게 바른 운동방법을 알려 주기 위한 책이다. 운동은 누구에게 어떻게 배우느냐가 상당히 중요하다. 이 책은 운동에 관심이 있는 모든 사람들에게 좋은 지침서가 될 것이다. 독자들이 이 책을 통해 운동에 관한 지식을 얻어 바른 운동을 통한 건강한 삶을 이루는 데 도움이 되길 바란다.

2018년 10월

체육학 박사 고영정

06 | 운동에 관한 오해와 진실

01

운동을 하면 생기는
몸의 변화

오늘날 웰빙 열풍에 힘입어 많은 사람들이 더 나은 삶을 위해 운동을 한다. 예방
의학적인 측면에서 운동의 긍정적인 효과가 입증되면서 생활 속의 운동이 강조
되고 있고, 우리 주변에는 많은 운동 공간들이 있어 누구나 손쉽게 운동할 수 있
는 시대이다.

운동은 몸에 많은 유익함을 주고 삶의 활력을 불어넣어 주는 것으로 알고 있지
만, 대부분의 사람들은 운동을 통해 몸에 어떠한 변화가 생기는지 잘 알지 못한
다. 운동을 효과적으로 하기 위해서는 운동이 몸에 미치는 영향을 제대로 알고,
바른 운동방법으로 꾸준하게 지속해야 원하는 결과를 얻을 수 있다. 쉽게 말해
운동을 '막 해서는 안 된다'는 것이다. 운동에 대한 과학적 지식이 없는 상태에서
는 아무리 운동을 열심히 한다고 해도 효과적이지 못하다.

운동을 하면
두 개의 창문이 열린다 ▯▯▯▯▯▯▯▯▯▯▯▯▯▯▯▯▯▯●

운동을 열심히 한 직후에 우리 몸에는 여러 가지 변화가 생긴다. 비유를 하자면 몸이 변화하는 창문이 열리는 것과 같다. 하나는 기회의 창문이고, 다른 하나는 위기의 창문이다. 자세한 내용은 아래와 같다.

1) 기회의 창문

우리 몸에는 약 650개 이상의 근육이 존재한다. 광배근이나 승모근과 같이 커다란 근육도 있고, 소원근, 능형근과 같은 작은 근육도 있다. 근육은 근육섬유가 여러 개 뭉쳐 있는 형태로 존재하며, 근육이 잘 사용되기 위해서는 운동 이후에 탄수화물을 섭취하여 에너지를 공급해 줘야 한다.

만약 탄수화물의 섭취가 제대로 이루어지지 않는다면 근육에 저장되어 있던 탄수화물이 사용되면서 근육의 손실을 일으킨다. 그러므로 운동 이후에는 탄수화물의 섭취가 필요한데, 최소 30분~40분 이내에는 섭취해야 근육 내에 있는 탄수화물의 소실을 막을 수 있다. 이 시간이 지나면 몸이 영양분을 끌어들이는 능력이 떨어지게 된다.

간혹 어떤 사람들은 탄수화물보다 단백질의 섭취가 더 중요하다고 이야기하는 경우가 있다. 단백질이 근육을 만들기 위해 필요한 영양소임에는 분명하지만, 근육을 사용하는 데에는 탄수화물이 필요하다. 운동 후 30분~40분 이내가 영양분을 흡수할 수 있는 가장 좋은 상태이기 때문에 꼭 영양분을 섭취해야 한다. 그래서 운동선수들이나 전문적인 보디빌더들은 이 시간대를 '황금시간'(기회의 창문)이라고 부른다.

2) 위기의 창문

운동을 장기간 꾸준히 하면 면역력이 좋아진다. 면역력이 좋아지면 혈액순환이 개선되고, 체외로 노폐물이 잘 배출되며, 호르몬의 균형을 이루어 건강에 도움이 된다. 하지만 운동을 마친 직후에는 몸의 영양소가 소모되어 오히려 면역력이 떨어진다.

떨어진 면역력은 회복기를 거쳐 점차 상승하고, 이러한 패턴이 반복되어 꾸준한 운동이 지속되면 면역력이 좋아지는 것이다. 이와 같은 면역력 상승의 패턴이 있기 때문에 운동 직후에는 몸의 체온을 보호하고, 몸의 세균을 씻어 낸 후 적절한 영양분을 섭취하여 면역력을 상승시키는 것이 중요하다.

운동 중 몸에 달라붙은 세균을 씻어 내는 방법으로는 세수도 좋고, 샤워도 좋다. 하지만 샤워를 할 때 너무 뜨겁거나 차가운 물은 좋지 않다. 너무 뜨거운 물로 샤워하는 것은 운동으로 손상된 근육에 염증이나 부종을 일으킬 수 있고, 차가운 물은 근육의 회복에 도움이 된다는 보고도 있지만 심장에 무리를 줄 수 있기 때문에 일반적으로 권장되지는 않는다. 샤워를 할 때는 미지근한 물로 자신에게 적당한 온도를 찾아 하는 것이 좋다.

운동을 하면
행복해진다

　　운동을 하면 기분이 좋아지고 행복감을 느끼게 된다. "우리 아들이 사춘기라 저와 냉전 중인데 운동만 다녀오면 얼굴이 밝고 기분이 좋아집니다. 어제는 몸이 아팠는데도 불구하고 운동만큼은 꼭 다녀오고 싶다고 하네요." 운동을 지도하는 사람으로서 가끔 부모로부터 이런 전화를 받으면 기분이 상당히 좋다. 운동하는 것을 좋아하는 제자들이 많을수록 지도하는 보람이 있고, 지도자 또한 즐겁게 교육할 것이다. 그렇다면 운동 후 기분은 왜 좋아지는 것일까?

　　우리 몸에서 분비되어 행복감을 느끼게 하는 호르몬에는 여러 가지가 있는데, 대표적으로 엔도르핀과 세로토닌을 들 수 있다. 운동을 하게 되면 엔도르핀과 세로토닌 호르몬이 평상시보다 증가한다.

　　엔도르핀은 뇌에서 분출되어 기분을 좋게 하고, 통증을 감소시키는 기능을 한다. 세로토닌은 행복감을 느끼게 하고, 불안과 우울을 치료하기 때문에 '행복호르몬'으로 불린다. 세로토닌은 우리 몸과 두뇌의 균형을 유지해 주고, 부족 시에는 두통, 우울감, 불안감, 스트레스 등이 일어난다.

　　운동을 꾸준히 해 본 사람이라면 운동 후의 상쾌함에 대해 잘 알고 있을 것이다. 특히 스트레스가 많은 사람이나 우울증을 겪고 있는 사람에게 운동은 어떤 치료제보다도 효과적인 치료방법이 될 것이다. 실제로 현장에서 운동을 지도하고 있는 필자는, 지도받는 이들이 운동하러 올 때는 기분이 안 좋다가도 운동을 마친 후에는 신이 나서 집에 가는 경우를 자주 보게 된다. 정말 운동은 마법과도 같다.

스트레스 해소에는
운동이 명약

운동은 스트레스 해소에 큰 도움이 된다. 스트레스는 적당히 받을 때는 업무의 효율을 높이고 집중도를 높여 주는 긍정적인 기능을 하지만, 지속적이거나 과도하게 받으면 건강을 해치고 삶의 질을 떨어뜨린다. 스트레스를 받으면 코르티솔, 카테콜라민 등의 스트레스 호르몬이 분비된다.

우리 몸에는 교감신경과 부교감신경이 있는데, 이 둘이 서로 균형을 이루어야 정상적인 생활이 가능하다. 하지만 스트레스를 받으면 교감신경과 부교감신경의 균형이 깨지고, 교감신경의 자극으로 스트레스 호르몬이 분비되면서 아래와 같은 몸의 변화가 생긴다.

① 눈의 동공이 확대됨

② 혈관이 수축되고, 심장의 운동이 빨라짐 → 에너지를 만들기 위해 탄소와 포도당을 온몸에 빠르게 공급함 → 식욕중추를 자극하여 달콤한 음식을 찾게 되며, 폭식을 유발함

③ 원활한 산소공급을 위해 폐가 빠르게 움직임

④ 위장활동의 장애 → 스트레스를 받았을 때 소화가 잘 안 되는 이유

이외에도 스트레스 호르몬이 분비되면 두통이 생기거나 몸이 경직되며

심리적으로 불안하게 된다.

　운동을 하게 되면 행복을 느끼게 하는 호르몬이 분비되어 스트레스를 없애고 기분을 상쾌하게 만든다. 행복감을 느끼게 하는 호르몬 분비량을 늘리는 방법은 영양 공급, 수면과 같은 휴식, 운동 등 여러 가지가 있는데, 그중에서도 운동은 스트레스 해소에 가장 효과적인 방법이다.

　활기차게 몸을 움직이면 온몸의 신경들이 골고루 자극되어 스트레스 해소와 신경 안정에 큰 도움이 된다. 우울하거나 스트레스를 받는 상황이라면 밖에 나가서 따스한 햇살을 받으며 산책을 해 보자. 기분이 좋아지고 마음의 안정을 찾을 수 있을 것이다.

　병원에 가서 병의 이유를 물어보면 대부분 스트레스 때문이라고 이야기한다. 마음이 평온하지 않으면 인체의 저항력이 떨어지고 여러 가지 질병을 야기한다. 그런 의미에서 운동을 통한 스트레스 관리는 매우 효과적이다.

　병의 원인은 자신 속에 있고 자신의 생활과 밀접하다. 더불어 병을 낫게 하고 건강한 생활을 하는 것도 자신의 생활에 달렸다. 몸에 부정적인 영향을 미치는 스트레스는 꾸준한 운동과 영양, 휴식, 그리고 긍정적인 마음을 가지는 습관을 통해 잘 관리해야 한다.

운동은
자신감을 높여 준다

TV나 광고 속에서 운동으로 다져진 탄탄한 몸을 가진 사람들이 제품을 선전하는 모습을 볼 수 있다. 그 모습을 본 사람들은 나도 저런 몸을 만들고 싶다는 욕망이 생기게 된다. 운동으로 다져진 몸은 건강미의 상징이며, 노출이 심해지는 여름철이 되면 많은 사람들이 헬스장에 등록한다. 특히 사람들은 나이가 들어감에 따라 젊어 보인다는 말을 듣고 싶어 하는데, 비만한 체형은 시각적으로 전혀 젊어 보이지 않는다.

'최고의 성형은 다이어트'라는 말이 유행하고 있다. 운동을 통해 체지방이 줄어들고 근육량이 늘게 되면 시각적으로 훨씬 매력적인 몸으로 변화하여 자존감을 높여 준다. 복부에 두툼한 지방을 붙이고 다닐 것인가? 아니면, 탄탄한 몸을 가진 사람으로 살 것인가? 그에 대한 여부는 운동으로 인해 결정되는 것이다.

더불어 운동을 하면 다양한 체력이 향상된다. 여러 체력의 요소 중 근력, 순발력과 같은 체력은 몸을 보호할 수 있는 호신능력과 연관이 있다. 근력은 근육의 단면적과 비례하기 때문에 호신능력은 일반적으로 체격이 큰 사람이 작은 사람에 비해 상대적으로 유리하다. 키가 크고 기골이 장대하다면 그렇지 않은 사람보다 몸을 지킬 수 있는 호신능력이 훨씬 유리하다. 하지만 몸집이 작은 사람도 운동을 통해 체력을 키운다면 충분히 강해질 수 있다.

학교폭력이 심각한 사회문제로 대두되고 있는 상황에서 소중한 자녀가 학교에서 왕따를 당하거나 학교폭력의 피해자가 될까 봐 걱정하는 부모들이 많다. 운동은 강인한 체력과 정신력을 만들어 줄 것이며, 당당하고 자신감 있는 삶을 살게 해 준다.

운동중독을 부르는
호르몬

식스팩 복근과 S라인 등 이른바 '몸짱' 열풍이 불면서 운동에 대한 관심이 커지고 있다. 이 때문에 퇴근 후 근처 헬스장에 가서 땀 흘리는 이들을 주변에서 쉽게 찾아볼 수 있다. 이 중에는 운동을 과도하게 해서 얻게 된 부상에도 불구하고 운동을 쉬지 않을 만큼 운동에 중독된 사람들이 있다.

운동에 중독된 이유로는 땀 흘린 후의 쾌감 때문인데, 운동 중에 쾌감을 느끼는 것은 도파민, 에피네프린, 노르에피네프린과 같은 호르몬이 분출되기 때문이다. 이들 호르몬은 신경전달물질로서 적당하게 분출되어야 하고, 과다하거나 부족하면 안 된다.

마라톤 동호회나 운동모임에 가면 관절이 아파서 통증이 있는데도 불구하고 운동을 빠짐없이 나오는 회원들이 있다. 이는 운동 중에 느끼는 쾌감 때문인데, 달릴수록 기분이 상쾌해지는 현상을 '러너스하이'라고 한다. 주로 달리기 애호가들이 느끼지만 수영, 사이클, 야구, 럭비, 축구, 스키 등 장시간 지속되는 운동이라면 어떤 운동이든 러너스하이를 느낄 수 있다.

필자도 운동을 즐기는데, 열심히 달리다 보면 어느 순간 힘든 느낌보다는 편안하고 상쾌한 기분이 드는 시점이 있다. 보통 1분에 120회 이상의 심장박동수로 30분 정도 달리다 보면 러너스하이를 느낄 수 있고, 특히 마라톤 선수들이 훈련을 할 때 극한의 고통을 넘어서는 순간이 되면 러너스하이를 경험할 수 있는 것으로 알려져 있다.

한 번 러너스하이를 경험한 사람은 마약과 같은 중독성을 주의해야 한다. 러너스하이는 신경전달물질 엔도르핀과 쾌락을 느끼게 해 주는 도파민 분비를 자극한다. 이를 통해 한 번이라도 쾌감을 맛본 사람은 이런 느낌을 계속 원하게 돼 결국 운동중독에 빠질 수 있다. 하루라도 달리지 않으면 불안하거나 짜증을 내는 일이 생기고, 무리하게 달리다가 근육이나 인대가 손상되는 경우도 있으니 주의해야 한다.

운동중독에 빠지면 하루 5시간 이상을 운동에 소요하는 일이 생겨 사회생활이나 대인관계에 문제가 발생할 수 있다. 아무리 몸에 좋은 명약도 지나치면 해롭듯이 운동도 지나치면 몸을 망치게 된다. 적당한 강도의 규칙적인 운동이 가장 이상적인 운동이다. 운동을 하고 나서 피로가 해소되고 개운한 느낌이 드는 운동 강도가 좋다.

건강을 위한
운동은 필수다 ||||||||||||||||||||||||||||||||||||||||||●

　　사람에 따라 건강 체질은 분명히 존재한다. 담배를 많이 피우고 술을 많이 마셔도 100살 가까이 사는 사람들도 있지만, 이런 축복받는 유전자를 타고난 사람은 흔하지 않다. 그래서 우리는 건강을 위해 나쁜 습관을 버리고, 자기관리에 투자를 해야 100세 시대를 무병장수할 수 있다.

　　보건과 위생 분야의 가장 권위 있는 단체인 세계보건기구(WHO: World Health Organization)에서는 건강을 "질병이 없거나 허약하지 않은 것으로, 신체적·정신적·사회적으로 안녕한 것"이라 말한다. 일반적으로 운동하는 목적에 대해 질문하면 건강해지기 위해서라고 대답한다.

　　건강을 위해 투자하는 노력 중에 운동만큼 배신하지 않는 노력도 없다. 체온이 1도만 올라가도 면역력이 크게 상승하여 인체에 긍정적인 영향을 준다고 한다. 우리 몸은 운동을 하면 체온이 올라가므로, 건강을 위해서는 하루에 세 번 체온을 높이는 운동을 하는 것이 이상적이다.

　　또한 운동은 근골격계를 발달시켜서 몸의 탄성을 유지시켜 주며, 혈관을 이완시켜 탄력적인 혈관을 만드는 데 도움이 된다. 혈관에 긍정적인 영향을 주기 때문에 혈압이 안정적으로 유지되고 건강에 직접적인 좋은 영향을 준다.

　　또한 운동을 하면 콜레스테롤 수치가 안정된다. 콜레스테롤은 크게 나쁜 콜레스테롤(LDL콜레스테롤)과 좋은 콜레스테롤(HDL콜레스테롤)로 나눌 수 있다. 운동을 하면 나쁜 콜레스테롤이 줄어들고, 반면 좋은 콜레스테롤은 증가하여 혈관건강을 비롯한 각종 성인병 예방과 치료에 긍정적인 영향을 미친다.

군대에서 장비나 기계를 관리하는 데 있어 자주 사용되는 표어가 있다. "닦고, 조이고, 기름 치자." 쉽게 말해 관리하자는 뜻이다. 우리 몸도 기계와 비슷하여 잘 관리한다면 100세 시대에 건강을 유지하며 살 수 있고, 잘못 관리하면 쉽게 건강을 잃을 것이다. 의학과 의료기술의 발달로 인해 인간의 평균수명은 나날이 연장되고 있다. 100세 시대를 건강하고 활기차게 살기 위해서는 운동이 꼭 필요하다.

운동은 노화를
지연시킨다

운동의 효과는 나이에 따라 다르게 나타난다. 어린이나 청소년에게 운동은 성장과 발달에 도움을 주고, 성인기 이후에 하는 운동은 신체에 활력을 주며, 질병 예방과 노화를 늦추는 효과가 있다. 운동은 몸을 건강하고 활력 있게 만드는 가장 확실한 방법이다.

우리 몸에는 '텔로미어'라 불리는 부분이 있다. 염색체의 끝부분에 위치한 텔로미어는 신체의 노화와 관련이 있는데, 나이가 들어감에 따라서 그 길이가 짧아져 노화한다. 텔로미어는 운동을 통해 그 길이가 유지된다고 보고되고 있는데, 어떤 운동습관을 가지고 살아가느냐에 따라 텔로미어의 길이는 달라진다.

해외에서 진행된 텔로미어 관련 연구를 소개하고자 한다. 연구에서는 운동습관과 직업이 다른 60대의 일란성 쌍둥이 A와 B의 모습을 관찰하였는데, A는 20대부터 몸을 활발히 쓰는 직업을 가지고 평소 꾸준한 운동을 했다. 반면 B는 평생 동안 사무직에 종사했으며 특별한 운동의 경험이 없었다.

이 둘은 일란성 쌍둥이였지만 60대에 조사한 A와 B의 몸 상태는 너무나도 달랐다. 꾸준한 운동습관을 가졌던 A는 40대의 체력을 유지하였고, 텔로미어의 길이가 길었다. 반면 B는 70대의 체력 수준이었으며, 텔로미어의 길이가 A에 비해 많이 짧았다. 결론적으로 같은 유전자를 가지고 있는 사람이라도 어떤 생활과 운동습관을 가지고 있느냐에 따라 노화가 가속화될 수도 있고, 지연될 수도 있다는 것이다.

누구나 나이가 들어감에 따라 근력이 줄어들고 유연성이 떨어지는 등 체력이 약해지는 것을 몸으로 느끼게 마련이다. 나이가 들면서 노화가 진행되는 것은 자연의 섭리라 어쩔 수 없지만, 운동을 통해 노화를 지연시킬 수 있다. 운동은 몸과 정신의 건강을 유지하는 데 가장 좋은 방법이라는 사실을 잊지 말자.

운동은
비만에 특효다

운동을 하면 기초대사량이 증가하여 체중 조절과 비만 예방의 효과가 있다. 여기에서 기초대사량이란, 특별한 활동을 하지 않아도 생명 유지를 위해 소비되는 에너지의 총량을 의미한다. 기초대사량이 높으면 성인병의 위험이 줄어들고, 쉽게 살이 찌지 않는다.

큰 차가 기름을 많이 사용하듯, 우리 몸에 근육이 많아지면 기초대사량이 높아져 에너지를 많이 소비하게 된다. 그래도 에너지가 부족하면 지방을 에너지원으로 사용하기 때문에 몸에 지방이 쉽게 쌓이지 않는다. 쉽게 말해, 운동을 통해 근육을 늘려서 기초대사량이 높아지면 많이 먹어도 쉽게 살이 찌지 않는 것이다. 기초대사량이 높아지면 몸이 늘 에너지를 소비할 준비를 하고 있는 것과 다름없다.

비만은 각종 질병을 유발하기 때문에 건강을 위해서는 정상 체중을 유지하는 것이 매우 중요하다. 정상체중을 유지하기 위해서는 균형 잡힌 식습관과 함께 규칙적인 운동이 중요하다.

먼저 내가 하는 일과 현재의 생활패턴을 돌아보자. 내가 평소에 운동량이 많은 사람인지 아니면 적은 사람인지 알 수 있을 것이다. 이 책을 읽는 독자는 학생일 수도 있고, 사무직에 종사하는 사람이거나 활발한 신체활동을 필요로 하는 직업을 가졌거나 전문적인 운동선수일 수도 있다.

직업의 특성상 활발하게 움직이는 직업을 가진 사람은 좌식업무를 하는 사무직 종사자에 비해서 비만하게 될 확률이 낮다. 하지만 운동을 평소에 규칙적으로 하지 않거나 좌식 위주의 생활습관을 가진 사람은 비만하기가 쉽고, 비만은 여러 가지 질환을 유발한다.

만병의 근원은 잘못된 생활습관으로부터 시작된다. 운동을 통해 정상체중을 유지하는 것은 몸을 건강하게 지키는 가장 현명한 방법이다.

운동은 건강한 심장을
만들어 준다 ‖‖‖‖‖‖‖‖‖‖‖‖‖‖‖‖‖‖‖‖‖‖‖‖‖‖‖‖‖‖‖‖‖‖●

운동을 하게 되면 심장기능이 좋아진다. 심장의 기능이 좋다는 것은 한 번에 많은 양의 혈액을 뿜어내고, 적게 뛰는 것이다. 다시 말해 운동을 통해 심장의 용적이 커지고, 심장근육의 수축력이 상승하고, 정맥혈 회귀 능력이 상승하여 1회 심박출량이 증가하는 것이다. 정맥을 타고 혈액이 얼마나 심장으로 잘 돌아오느냐가 심장기능의 중요한 척도인데, 이를 '정맥혈 회귀'라고 한다.

운동을 꾸준히 하게 되면 심장은 적게 뛰면서 많은 양의 혈액을 뿜어내는 심장을 가지게 되는데, 이를 '스포츠심장(운동성 서맥)'이라고 부른다. 따라서 운동을 꾸준히 오래한 운동선수들은 일반인에 비해 심박수가 적고, 심장의 기능이 우수하다. 실제로 유명 마라토너와 장거리 스케이팅 선수들의 경우 일반인에 비해 심박수가 적다. 이는 타고난 것보다 후천적인 훈련에 의해서 심장의 기능이 긍정적으로 변화한 것이다.

심장기능의 증진은 스포츠 기능 향상에 도움을 주며, 혈압과 혈관기능을 개선하여 건강한 삶을 살게 해 준다. 심장의 기능은 타고난 것보다 운동으로 어떻게 관리하느냐가 더욱 중요하다.

걷기만 해도
뇌가 좋아진다 ‖‖‖‖‖‖‖‖‖‖‖‖‖‖‖‖‖‖‖‖‖‖‖‖‖‖‖‖‖‖‖‖‖‖‖‖●

두뇌의 기능을 최대한 발휘하려면 열심히 움직이고 운동을 해야한다. 운동이 두뇌 발달에 긍정적인 영향을 주는 가장 큰 이유는 운동을 통한 뇌의 혈류량 증가로 인해 두뇌에 신선한 산소가 공급되고, 뇌의 신경전달물질이 생성되어 뇌가 최적의 상태로 되기 때문이다.

우리 몸에는 'BDNF'라고 불리는 물질이 있는데, 주로 뇌에서 발현되지만 우리 몸 어디에서라도 생길 수 있다. BDNF가 많을수록 뇌의 기능은 향상되고, 인지능력에도 긍정적인 결과를 준다. 운동은 BDNF의 양을 직접적으로 늘리는 수단이며, 결과적으로 꾸준한 운동은 뇌의 기능 향상에 큰 도움을 준다.

이러한 뇌기능의 향상은 집 안의 작은 소소한 일상 활동을 통해서도 이루어진다. 청소, 화초 정리, 요리 등을 꾸준히 하는 사람이라면 치매에 걸릴 확률이 그렇지 않은 사람에 비하여 훨씬 줄어들 것이다.

운동이 체력이나 몸의 구성성분에 긍정적인 변화를 일으킨다는 사실은 이미 오래전부터 연구되어 오고 있는데, 2000년대에 들어서는 운동의 긍정적 기능이 뇌의 발달로까지 확대되어 많은 연구들이 이루어지고 있다. 필자가 박사 학위를 받은 논문의 실험에서도 운동이 초등학생들의 뇌의 기능에 긍정적인 영향을 미치는 것으로 나타났다.

운동이 뇌에 미치는 영향은 현재 운동과학 분야에서 활발하게 연구되고 있다. 연구의 결과가 다소 상이한 부분도 있지만, 운동이 뇌기능에 긍정적인 영향을 미친다는 경향성만큼은 확실하다. 많은 연구에 의하면 운동은 인지기능과 기억력을 향상시켜 주고, 스트레스와 우울증을 극복하게 한다고 보고되고 있다.

일리노이 대학의 힐만 박사의 연구에 의하면 딱 20분만 걸어도 아이의 성적이 올라간다고 한다. 유산소능력의 향상이 기억력 점수를 높이고, 결과적으로 학업 성적에도 좋은 영향을 미친다는 것이다. 이 밖에도 운동이 인지기능과 학업성적에 좋은 영향을 미친다는 많은 연구가 있어 운동이 두뇌 발달에 긍정적인 영향을 준다는 사실을 뒷받침하고 있다.

특히 아동기와 청소년기는 일생 중에서 지능 발달에 있어 가장 중요한 시기이다. 이 시기의 운동은 두뇌 발달에 긍정적인 영향을 미치고, 학업 능력도 향상시켜 줄 것이다.

● 운동으로 인한 두뇌 활성화 과정
운동을 통해 뇌로 가는 혈류량이 증가하면 뇌 신경세포 성장 및 발달에 도움을 주어 뇌기능을 향상시킨다.

운동과
성장호르몬 ||||||||||||||||||||||||||||||||||||||||||||||||||||||||||||||

성장호르몬은 신체의 성장과 발달, 대사 및 항상성을 유지하는 데 중요한 역할을 담당하고 있다. 성장호르몬은 피로감, 비만, 각종 성인병과 같은 질환에 이르기까지 영향을 미친다. 성장호르몬의 균형을 이루기 위해서는 무엇보다 운동이 중요하다.

최근 들어 운동과학의 발달로 다양한 연구가 진행되면서 운동이 성장에 미치는 영향을 규명하는 연구가 많이 이루어지고 있다. 많은 연구에서 운동 후 키가 성장한다고 보고하고 있으며, 성장 관련 호르몬에 긍정적인 변화가 있다고 보고하고 있다.

운동을 적당히 하면 우리 몸에 있는 호르몬과 성장판이 자극을 받게 되어 키 성장에 큰 도움이 된다. 또한 성장호르몬은 뼈를 성장시키며, 지방을 분해하고, 단백질 합성을 촉진한다. 이렇듯 성장호르몬은 키를 비롯한 몸의 성장과 회복에 관여하는데, 너무 많이 나오면 거인증을 유발하는 부작용이 있다.

많은 사람들이 성장호르몬은 키가 성장하는 시기에만 나오는 것으로 알고 있다. 하지만 성장호르몬은 키 성장기에만 나오는 호르몬이 아니다. 일생에 걸쳐 평생 나오는데, 이 중 성장기에 분출량이 가장 많고 나이가 들어감에 따라 서서히 줄어든다.

성장호르몬은 운동할 때와 수면 중에 많이 분출되며, 키의 성장을 도울 뿐 아니라 노화를 지연시키고, 두뇌 건강, 몸의 컨디션 회복 등에도 많은 영향을 준다. 특히 성장호르몬은 시간대별로 나오는 양상이 다르다고 보고되고 있는데, 저녁 10시에서 새벽 3시 사이에 분출량이 많다. 특히 숙면을 이루는 새벽 2시~3시는 성장호르몬이 가장 많이 분비되는 시점이기 때문에 성장기 학생들은 물론이고, 성인들도 가능하면 일찍 자고 일찍 일어나는 생활습관을 만드는 것이 건강을 위해 좋다.

운동을 하면
피로감이 오는 이유

운동을 하면 몸의 긍정적인 변화만 기대하기 쉬우나, 초보자들이 운동을 시작하면 전에 없던 피로감이 생길 수 있다. 그 대표적인 이유는 젖산의 축적, 몸속 에너지원의 고갈, 신경계의 고갈, 지연성 근통증 때문이다. 운동 후 생기는 이러한 피로감은 시간이 지나 몸이 운동에 적응하게 되면 서서히 감소한다. 그렇다면 운동 후 피로감이 생기는 이유를 하나하나 짚어 보자.

1) 젖산의 축적

젖산은 운동할 때 생성되는 피로물질을 말한다. 낮은 강도의 운동을 하면 젖산이 생성되는 즉시 제거되지만, 일정 강도(젖산역치)를 넘게 운동을 하면 젖산이 급격하게 축적된다. 젖산이 몸에 쌓이면 피로감을 느끼게 된다. 대표적으로 젖산이 많이 축적되는 종목으로는 400m 달리기와 같은 1~2분 동안 강하게 지속되는 운동을 들 수 있다.

젖산의 축적으로 인한 피로감은 젖산을 이용하여 당을 새롭게 만들어내는 과정을 통해 젖산을 제거함으로써 회복할 수 있다. 운동을 마치고 하는 정리운동과 가볍게 달리기는 젖산을 제거하는 데 효과적이니 운동 후 반드시 하는 것이 좋다.

2) 몸속 에너지원의 고갈

우리 몸속에 저장되는 탄수화물 형태의 에너지원인 글리코겐은 주로 간과 근육에 저장이 되어 있다가 에너지원으로 사용되는데, 운동을 지속하면 몸의 글리코겐이 고갈되어 피로감을 느낀다. 이런 경우에는 고탄수화물의 섭취와 휴식을 통해 피로를 회복할 수 있다.

3) 신경계의 고갈

몸속의 나트륨이 빠져나가면 신경계의 고갈로 피로감을 느끼게 된다. 휴식이나 전해질 음료의 섭취를 통해 피로를 회복시킬 수 있다.

4) 근육의 통증(DOMS: Delayed-onset muscle soreness)

운동을 하면 평상시보다 몸에 많은 부하가 걸리기 때문에 근육의 통증이 발생할 수 있다. 크게 나누어 급성 근통증(Acute muscle soreness)과 지연성 근통증(Delayed-onset muscle soreness)으로 나눈다. 급성 근통증은 운동 직후에 바로 나타나는 통증으로, 근조직에 피로물질이 쌓이거나 국소빈혈 등의 원인으로 발생한다. 이럴 때는 운동의 강도를 줄이거나 중단하고, 마사지 처치와 수분 섭취가 빠른 회복에 도움을 준다.

학창 시절 학교에서 체육대회를 해 본 사람이라면 체육대회 다음 날 몸이 뻐근하고 아팠던 경험을 해 본 적이 있을 것이다. 이를 지연성 근통증이라고 부르며, 평소 안 쓰던 근육을 사용하게 되면 발생하고, 편심성 (신장성 수축이라고도 불리며, 근육의 길이가 길어지면서 근육이 힘을 발휘하는 경우) 수축에서 주로 나타난다.

지연성 근통증은 좋게 생각하면 운동이 잘되었다는 의미이니 너무 기분 나쁘게 생각하지 않아도 된다. 운동을 오랜 기간 했던 숙련자보다는 초보자들에게 더 많이 발생하니 운동을 처음 시작한 사람이라면 천천히 운동의 강도를 높여 나가도록 해야 한다. 지연성 근통증은 안정을 취하면 3~4일 후 저절로 나아지는데, 차가운 마사지가 회복에 도움이 된다.

일반인들은 강한 운동 이후에 근육통증이 오면 뜨거운 사우나에 가는 경우가 많다. 하지만 운동 후 뜨거운 사우나에 가게 되면 체내 염증을 증가시켜 회복을 더디게 하니 바람직하지 않다.

운동을 하면 어디서 힘을 얻는가?
단계별 에너지원 ▬▬▬▬▬▬▬▬▬▬▬●

우리가 운동을 하려면 에너지를 공급받아야 한다. 음식물을 섭취하여 우리 몸에 저장된 영양소는 화학적인 반응을 통해 'ATP'라고 하는 에너지화합물의 형태로 저장된다. 몸에 저장된 ATP는 신진대사에 사용되거나 운동 시에 에너지원으로 사용되어 몸 밖으로 배출된다.

에너지의 사용 단계를 "에너지 시스템"이라고 부르는데, 크게 3가지로 설명된다. 운동을 시작하면 가장 먼저 ATP-PC 시스템으로 에너지를 공급받고, 이후 무산소성 해당과정으로 에너지를 공급받은 후 유산소 시스템이 마지막에 사용된다.

1) ATP-PC 시스템

우리 몸에는 ATP라는 에너지원이 항상 저장되어 있다. ATP는 아주 짧은 시간의 운동에 사용되어 없어지고, ATP를 꾸준히 공급받아야만 운동을 지속할 수 있다. ATP-PC 시스템은 운동 시작 후 약 10초면 없어지는 에너지 공급 시스템으로, 강한 강도의 운동 시 사용된다.

대표적으로 무거운 역기 들기, 50m 전력질주 등에 사용되는 에너지 시스템이다. 산소의 공급이 필요 없는 무산소운동에서 사용되는 시스템이다. 운동 지속 시간이 길어져 ATP-PC 시스템이 끝나고 나면 다음 단계의 에너지 시스템으로 전환된다.

2) 무산소성 해당과정(젖산 시스템)

대략 2분 정도의 운동에 사용된다. 단거리 수영 경기나 400m 중거리 달리기와 같은 종목에 사용되는 에너지 시스템이다. 이 에너지 시스템을 사용하게 되면 몸에 피로물질이 많이 발생하게 된다. 무산소성 해당과정을 지나 운동 시간이 더 길어지면 다음 단계의 에너지 시스템으로 전환된다.

3) 유산소성 에너지 시스템

 2분 이상의 운동 시에 사용되는 에너지 시스템이다. 예를 들어 걷기, 장거리 달리기, 수영과 같은 약한 강도의 오랜 시간 반복이 가능한 유산소운동에 사용되는 에너지 시스템이다. 이처럼 에너지 시스템이 유산소성으로 바뀌고, 운동 시간이 지속될수록 지방이 주요 에너지원으로 사용되기 때문에 체지방을 감소시키기 위해서는 저강도로 오래 운동을 지속해야 한다.

02

운동을 잘하기 위해
알아야 할 것들

우리가 전자제품을 구입하면 가장 먼저 설명서를 보고 사용법을 익힌다. 그래야
전자제품을 바르게 사용하여 오래도록 사용할 수 있기 때문이다. 운동을 할 때
우리 몸도 마찬가지이다. 운동에 대한 지식이 없이 무작정 운동하면 운동의 효과
를 제대로 얻지 못할 뿐만 아니라 운동으로 몸을 망치는 경우도 발생할 수 있다.
몸이 망가진 이후에 바른 운동법에 관심을 가지고 망가진 몸을 고치기 위해 고생
하는 것은 현명하지 못하다. 운동의 효과를 제대로 얻기 위해서는 먼저 알아 두
어야 할 내용들이 있다.

체력의 요소를
이해하자 ||||||||||||||||||||||||||||||||||||||||||||||||||||||||||||||||●

　　운동을 잘하기 위해서는 먼저 체력의 구성요소를 알아야 하고, 다양한 체력의 요소를 골고루 발달시켜야 한다. 운동선수가 몸이 좋다는 표현은 체력의 구성요소가 고르게 발달한 것을 의미한다. 운동종목의 특성에 따라 더욱 요구되는 체력의 요소가 있는데, 자신의 체력을 파악하여 부족한 체력을 보완하면 더욱 발전할 수 있다.

　여기에서 체력이란, 사전적인 의미로 육체적 활동을 할 수 있는 몸의 힘, 또는 질병이나 추위 따위에 대한 몸의 저항 능력을 의미한다. 운동을 효과적으로 잘하기 위해서는 체력의 구성요소를 이해해야 하고, 부상 없이 오래도록 운동을 지속하기 위해서는 체력을 골고루 발달시켜야 한다.

　체력은 크게 건강체력과 기술체력으로 나누어진다. 먼저 건강체력은 살아가는 데 필요한 체력의 요소, 즉 유연성, 근력, 지구력 등을 말한다. 그리고 기술체력은 전문적인 운동기술 향상에 필요한 체력, 즉 순발력, 민첩성, 협응력 등을 말한다.

1) 유연성(Flexibility)

　건강한 삶을 위해 꼭 필요한 체력이다. 운동능력의 향상과 부상 방지를 위해서도 매우 중요하기 때문에 체력의 여러 요소 중에서 가장 중요하다고 해도 과언이 아니다. 유연성 향상을 위한 스트레칭은 최소한 30초 이상을 해야 효과적이고, 규칙적으로 해야 효과가 있다. 유연성운동은 통증이 없는 관절의 가동 범위 내에서 근육에 과부하를 주어 실시한다.

스트레칭의 종류는 정적(Static) 스트레칭과 동적(Dynamic) 스트레칭, PNF스트레칭 등으로 나뉜다. 이 중에서 동적 스트레칭은 부상을 조심해야 한다. 특히 몸의 근육이 뭉쳐 있는 이른 아침시간에 동적 스트레칭을 무리하게 하다 보면 근육이나 인대, 힘줄이 늘어나거나 찢어질 수 있다.

스트레칭이 효과적으로 이루어지기 위해서는 어느 정도 몸의 체온이 올라갈 수 있는 맨손체조 이후에 하는 것이 좋다. 학창 시절에 학교에서 배웠던 체조와 같이 전신을 움직이는 동작 이후에 스트레칭을 하는 방법이 이상적인 스트레칭 운동법이다.

어린아이의 몸은 성인에 비해 유연하며, 넘어져도 쉽게 다치지 않는다. 하지만 나이가 들어가면서 몸은 점차 굳어 가고, 고령일수록 낙상으로 인한 골절의 위험성이 커지므로 유연성운동을 신경 써서 하는 것이 좋다.

일반적으로 여성이 남성에 비해 유연성이 좋은 이유는 남녀의 골반 구조가 다르고, 결합조직을 이완시키는 호르몬의 차이 때문이다.

2) 근력(Muscle Strength)

근력은 근육의 힘을 말한다. 근력을 키우기 위해서는 웨이트 트레이닝이 가장 효과적인 운동 방법인데, 근육이 피로를 느낄 때까지 반복해야 근육에 긍정적인 영향을 줄 수 있다. 한마디로 근력 운동이 힘들어야 근육은 성장하고 발달한다(트레이닝의 원리 중 과부하의 원리).

1RM(1 Repetition Maximum)의 개념을 알면 효과적으로 근력운동을 할 수 있다. 여기에서 1RM이란, 1회에 한해 근육이 낼 수 있는 최대의 힘

을 말한다. 예를 들어 내가 5번 반복할 수 있는 무게는 나의 5RM이다. 1RM은 일반적으로 벤치프레스나 스쿼트를 이용하여 측정한다.

웨이트 트레이닝을 통해 근력, 근지구력, 순발력 등을 키울 수 있다. 다만 운동하는 사람의 숙련도에 따라 다소 다르게 작용할 수 있으니 참고하길 바란다.

① 근육의 힘 강화 : 반복횟수가 6~8회 정도 가능한 무게로 운동을 한다. 숙련도가 높은 사람은 아주 무거운 무게로 1~3회 반복을 하는 경우도 있는데, 초보자들은 부상의 위험성이 있어서 권장되지 않는다.

② 근육 사이즈 비대와 순발력 강화 : 반복횟수가 10~12회 정도 가능한 무게로 운동을 한다.

③ 근지구력 강화 : 반복횟수가 15회 이상 가능한 정도 무게로 운동을 한다.

근력운동은 1세트로 운동을 마치는 것보다 세트를 나눠서 운동을 해야 근육을 최대한 자극하고 부상을 방지할 수 있다. 더불어 최소 주 3회 이상 훈련을 해야 효과를 볼 수 있다.

3) 고유감각(Proprioception)

고유감각은 자기 신체에 대한 감각을 의미한다. 근육이 움직이면서 만들어지는 감각 정보로서 자기 신체의 각 부분에 대한 위치를 고유감각을 통해 알 수 있다. 고유감각은 몸의 위치감각을 전달하고, 사람의 자세나 움직임을 조절하는 데 필수적인 감각이다. 예를 들면 눈을 감고도 물건의 위치를 감각적으로 찾을 수 있고, 눈으로 보지 않아도 내 신체의 일부를 만질 수 있는 능력은 고유감각이 발달해 있기 때문이다.

체력적인 요소로 고유감각은 한번 습득되면 평생 쉽게 지워지지 않는다. 그렇기 때문에 자전거 타기, 물에 떠 있기 등은 한번 습득되면 수십 년이 지나도 그 감각이 지워지지 않는다. 젊은 시절에 축구선수로 활동했던 사람이 은퇴 후 전혀 다른 일을 하다가 수십 년 만에 축구공을 접해도 공을 잘 다루는 것은 우리 몸의 고유감각 때문이다.

고유감각을 키우기 위해서는 천천히 연습해야 한다. 빠른 동작으로 연습을 할 때에는 평소 자신이 가지고 있던 운동습관이 그대로 나오기 때문에 새로운 감각을 익히기 어렵다.

4) 순발력(Power)

순간적으로 강한 힘을 발휘하여 달리고, 뛰고, 던지는 능력이다. 근육이 강력하면서 빠르게 힘이 적용되는 능력이다. 순발력은 높이뛰기, 제자리 멀리뛰기와 같은 점프력 측정과 단거리의 달리기 측정, 포환던지기, 공던지기와 같은 운동으로 측정한다.

순발력은 근력과 속도에 비례하므로 순발력을 키우기 위해서는 힘과 속도를 향상시켜야 한다. 예를 들어 줄넘기를 이용한 이중뛰기, 제자리 점프, 두 발 모아 장애물 연속으로 뛰어넘기 등이 도움이 된다. 여러 가지 트레이닝 방법 중에서 점프를 이용한 플라이오메트릭(Plyometric) 트레이닝이 순발력 강화를 위해 사용된다(p.91 참고).

5) 민첩성(Agility)

빠른 동작으로 전신적 동작이나 부분적 동작의 형태나 방향을 빠르게 전환할 수 있는 능력이다. 민첩성은 사이드스텝, 버피테스트, 왕복달리기 등으로 스피드를 측정한다. 민첩성을 키우기 위해서는 다양한 스텝 뛰기, 줄넘기를 이용한 제자리 달리기, 피하기 훈련 등이 효과적이다. 민첩성은 20세 전후에서 최고에 이르며, 이후 나이가 들어감에 따라 저하된다.

6) 평형성(Balance)

신체를 일정한 자세로 유지하는 능력을 말한다. 일상생활이나 운동을 수행할 때 동작의 밸런스나 아름다움, 균형, 능률, 안전 등에 중요하다. 몸의 균형 감각은 특히 노년층에게는 필수적인 체력요소이다. 평형성이 떨어지면 낙상의 위험성이 커지는데, 낙상으로 인한 골절은 노년의 건강을 해치는 주범이기 때문이다.

평형성은 외발서기나 직립 보행검사 등을 함으로써 측정할 수 있다. 평형성을 키우고 낙상의 위험을 줄이기 위해서는 평소 하체의 근력을 키우고, 정상체중을 유지하는 것이 중요하다.

7) 협응력(Coordination)

신체의 움직임을 얼마나 매끄럽고 정확하게 하는가에 관한 신체의 능력을 의미한다. 몸의 신경기관, 운동기관, 근육 등이 서로 조화롭게 움직일 수 있는 능력을 말하며, 협응력이 좋은 사람은 야구나 농구와 같은 구기 운동능력이 우수하다. 예를 들어 물건을 던졌다가 잘 잡는 사람들은 협응력이 우수한 사람이다.

협응력은 다양한 운동경험을 통해 발달시킬 수 있다. 지각적 학습에도 연관성이 있으며, 협응력이 부족한 아동은 감각적으로 받아들이는 능력이 떨어진다. 학생들의 인지능력을 향상시키기 위해 협응력 운동이 도움이 된다는 연구도 많이 발표되고 있다.

8) 심폐지구력(Cardiovascular Endurance)

심폐지구력을 기르면 쉽게 피로해지지 않으며, 오랜 시간 동안 신체 활동을 계속할 수 있다. 심폐지구력을 기를 수 있는 운동으로는 달리기, 자전거 등이 있으며, 오래달리기를 통해 측정할 수 있다.

심폐지구력을 강화하기 위해서는 운동의 빈도, 강도, 시간, 형태를 고려하여 운동계획을 세운다. 예를 들어 심폐지구력 향상을 위해서 주 3회 이상, 약간 숨이 찰 정도로 걷기와 자전거 타기와 같은 운동을 한 번에 20~30분 이상 한다.

9) 근지구력(Muscle Endurance)

근육을 오래 지속적으로 사용할 수 있는 능력으로 윗몸일으키기, 팔굽혀펴기, 턱걸이 등으로 측정이 가능하다. 일반적으로 여성이나 근육운동을 처음 접하는 사람은 근지구력이 약하다. 근지구력을 향상시키기 위해서는 저강도의 근력운동을 꾸준히 반복하면 된다. 예를 들어 웨이트 트레이닝의 경우 15회 이상 반복이 가능한 가벼운 무게로 운동을 하면 근지구력이 향상된다.

운동처방의 원칙(FITT 원칙)을
이해하자 |||||||||||||||||||||||||||||||||||||||||||||

최근 삶의 질이 향상되고 웰빙이 강조되면서 "운동처방"이라는 단어가 생겼다. 운동처방이란, 운동을 하면서 발생할 수 있는 부상이나 위험성을 최소화하면서 운동의 효과를 최대한으로 높일 수 있도록 하기 위해 만드는 신체 활동의 계획을 말한다. 운동처방의 목적은 운동을 통해 몸에 긍정적인 변화를 주고자 하는 것이다. 운동처방은 운동 빈도, 운동 강도, 운동 시간, 신체 활동의 형태의 네 가지 필수 구성 요소가 있다.

1) 빈도(Frequency)

일주일에 몇 번을 운동할지 고민해 봐야 한다. 너무 자주하면 운동 중 발생하는 피로물질이 제거되지 못하고, 너무 적게 운동하면 트레이닝의 반복성이 떨어져 효과가 없다. 사람마다 다르지만 일반적으로 중강도의 운동은 주 5회가 적당하고, 고강도의 운동은 주 3회를 권장한다.

2) 강도(Intensity)

어느 정도의 강도로 운동을 할 것인가? 강도가 약하면 자신이 기대한 목표치를 이루기 어렵다. 반면 운동의 강도가 너무 강하면 과사용에 따른 부상이 올 수 있다. 특히 운동선수들은 너무 심한 운동을 하는 것이 문제가 된다. 대부분의 성인이라면 중강도의 운동이 권장되고, 노인이나 체력 수준이 낮은 환자라면 저강도의 운동을 꾸준히 해야 한다.

3) 형태(Type)

트레이닝의 원리 중에 특이성의 원리가 있다(p.53 참고). 운동 목적을 효과적으로 이루기 위해서는 어떤 형태의 운동을 선택하느냐가 중요하다. 예를 들어 근육을 발달시키고 힘을 키우기 위해서는 웨이트운동을 해야 하고, 체지방을 태워서 날씬한 몸을 만들고 싶다면 천천히 달리기와 걷기 등 유산소운동을 해야 한다.

4) 시간(Time)

운동의 강도가 높을수록 지속 시간은 짧아지기 때문에 운동의 지속 시간과 강도는 반비례 관계이다. 운동을 하다 보면 트레이닝에 대한 몸의 적응력이 생긴다. 일반적으로 2~3주가 지나면 서서히 증가시킬 수 있다. 특히 체력 수준이 낮은 사람들은 운동의 강도를 높이기보다 운동의 시간을 늘려 나가는 것이 효과적이다.

일반적으로 하루 60분 내외의 운동이 권장되지만, 최근 여러 연구에서는 20분 미만의 운동도 효과가 있다는 연구가 많이 발표되고 있다. 무엇보다 몸에 무리가 없도록 처음에는 운동 시간을 짧게 시작하고, 점차 운동시간을 늘려 가도록 하자.

위에 말한 운동처방의 원리를 이해하고 점차적으로 운동량을 늘려 나간다면 누구나 운동의 효과를 얻을 수 있을 것이다.

트레이닝(Training)과 연습(Practice)의 차이

운동은 크게 트레이닝과 연습으로 구분한다. 트레이닝과 연습은 비슷해 보이지만 다른 개념이다. 체력은 트레이닝 중에 그 효과가 점진적으로 증가하지만, 트레이닝 중단 시 '디트레이닝(Detraining)' 현상에 의해 트레이닝 전 상태로 돌아간다. 일반적으로 48시간 이후부터 서서히 감소하는 현상이 나타난다. 그러나 연습을 통해 습득된 기술은 연습을 중지해도 쉽게 사라지지 않는 특성을 가진다.

트레이닝의 예로는 웨이트 트레이닝을 들 수 있다. 트레이닝으로 커졌던 근육은 트레이닝 중단 시 다시 원상태로 돌아가려는 성질이 있다. 웨이트 트레이닝 같은 근육운동은 일주일에 최소한 2일 이상 해야 하며, 이상적인 효과를 원한다면 일주일에 3~4일 정도 하는 것이 효과적이다.

예를 들어 월요일 저녁 8시에 운동을 했다면 수요일 저녁 8시까지는 근육이 계속 성장한다. 하지만 48시간이 지나고 서서히 몸은 운동 전의 상태로 되돌아간다. 즉, 48시간이 지난 후에는 다시 운동을 해야 트레이닝의 효과가 생긴다는 것이다. 군대 시절 아침마다 했던 구보 덕분에 강해진 체력은 사회생활을 하면서 점차 약해져서 저질 체력으로 변한다. 이런 현상이 바로 디트레이닝 현상 때문이다. 젊은 시절 근육이 빵빵하던 사람들도 운동을 중단하면 디트레이닝 효과로 인해 근육의 손실을 입게 된다.

반면 연습을 통해 얻어진 기술은 쉽게 지워지지 않는다. 스케이트나 골프, 탁구, 자전거와 같이 기술적인 요인이 강한 운동에서는 연습을 중지하더라도 쉽게 기능이 사라지지 않는다. 그래서 어릴 때 배웠던 스케이트나 자전거를 어른이 되어서도 탈 수 있는 것이다.

위의 내용을 이해한 독자에게 몇 가지 질문을 해 보겠다.

문제 1) 근육을 키우고 싶은데 시간이 없어 토요일에만 운동을 하고 싶은 상황이다. 일주일에 1회 운동으로 근육을 우람하게 키울 수 있을까?

정답은 NO. 운동을 아예 하지 않는 것보다는 약간의 효과는 있을 수 있지만 근육은 48시간이 지나면 디트레이닝 현상 때문에 운동의 효과가 점차 소멸된다. 반복적으로 운동을 해야 근육을 키울 수 있다.

문제 2) 어린 딸이 자전거를 배우고 싶어 하는데 주말밖에 시간이 없다. 주말에만 연습을 해도 자전거를 탈 수 있을까?

정답은 YES. 물론 매일 연습하면 좋겠지만 가끔 한 번씩 연습하는 자전거 타기도 우리 몸에 있는 고유감각을 키우기 때문에 실력이 꾸준히 쌓인다. 필자의 딸도 6세부터 두발자전거를 주말마다 연습시켜 6개월 만에 능숙하게 두발자전거 타기에 성공했다. 최근에는 주말마다 가끔씩 연습하는 인라인 타기와 수영 기술도 많이 발전했다. 또 직장인이라면 주말 동호회 활동을 통해 야구와 골프 같은 스포츠 실력을 향상시킬 수 있다.

근육은
영원하지 않다 ▬▬▬▬▬▬▬▬▬▬▬▬▬▬▬▬●

앞서 말한 것과 같이 디트레이닝 현상으로 인해 운동을 중단하면 몸의 근육은 감소한다. 대학 시절 소위 '몸짱'으로 불리던 선배가 있었는데, 10여 년이 흘러 만났을 때 현격하게 줄어든 근육량을 보고 놀랐던 적이 있다. 그동안 바쁜 사회생활(좌식업무)과 자녀의 육아 등으로 근육 운동을 하지 않아서 좋았던 몸이 평범해진 상황이었다. 우리는 유명한 할리우드 액션 배우들의 과거와 현재 모습을 보면서 엄청나게 달라진 몸에 놀라곤 한다. 운동에서 가장 중요한 것은 역시 꾸준함이다.

대부분의 사람들이 20대에 근육량의 정점을 찍게 된다. 남자의 경우 20대 후반까지, 여자의 경우 20대 초중반까지 근육량이 늘어난다고 보면 된다. 나이가 들어도 근육량이 많았던 사람들은 운동을 처음 접하는 사람에 비해 근육량을 금방 회복할 수 있다. 또 몸의 감각적인 부분도 젊은 시절 운동을 했던 사람이 더 빠르다. 신체의 건강과 직결되는 근육량의 증가를 위해 젊은 시절부터 운동하는 습관을 들이는 것이 중요하고, 무엇보다 꾸준하게 운동을 하는 것이 중요한 이유다.

트레이닝의
원리 ▬▬▬▬▬▬▬▬▬▬▬▬▬▬▬▬▬▬●

운동을 효과적으로 하기 위해서는 트레이닝의 원리를 이해하고 있어야 한다. 앞서 말했듯이 운동은 무작정 막 해서는 안 된다. 체계적이고 과학적으로 해야 효과가 있고, 운동을 통해 목적하는 바를 이룰 수 있다.

1) 과부하의 원리

운동은 강도가 약하면 몸에 긍정적인 영향을 주기 힘들다. 체력의 향상을 위해서는 더욱 힘들게(평상시에 익숙한 부하보다 더 많은 부하를 받아야 함) 운동을 해야 된다. 쉽게 말해 평소에 하는 일이나 운동보다 강도 높은 방법으로 운동을 해야 효과를 나타낼 수 있다.

예를 들어 턱걸이를 10개까지 할 수 있는 사람이 5개 정도만 하고 내려오는 것을 반복한다면 턱걸이 실력 향상을 기대하기 어렵다. 자신이 가지고 있는 체력의 최대치를 자극해 주는 것이 가장 기본적이면서 중요한 체력 트레이닝의 원리이다.

2) 점진성의 원리

운동은 급하게 해서는 안 된다. 운동은 점진적으로 트레이닝의 양을 늘려야 한다. 만약 급하게 운동의 양을 늘리거나 강도를 높인다면 부상을 당하기 쉽다. 힘들게 운동을 시작하기로 마음먹었는데, 시작부터 무리하다가 운동을 포기하게 되는 경우를 주위에서 흔히 볼 수 있다. 천천히 시간을 가지고 운동의 강도와 양을 늘려 나가는 것이 중요하다. 운동은 몸을 변화시키는 과정이므로, 갑자기 몸이 변화하면 탈이 나기 마련이다.

3) 반복성의 원리

인체에 자극을 주는 훈련은 반복적이고 규칙적으로 해야만 운동의 효과를 거둘 수 있다. 운동을 통한 체력의 향상은 단기간에 달성하기 어렵다. 정기적으로 꾸준히 반복해야만 효과가 나타난다. 같은 동작을 반복하면서 신체의 기관이나 기능이 개선되고 향상되는 것을 '반복성의 원리'라고 한다.

익숙하지 않은 동작을 반복하여 연습하면 관련된 신경이 발달해 특정 움직임에 관한 신체의 기능과 조직이 발달한다. 특정 동작을 계속해서 반복하게 되면 뇌와 근육의 신경 시스템이 발달하여 자세를 기억하고, 움직임이 능숙해진다. 더불어 계속된 반복을 하게 되면 몸이 운동을 기억해 특정 운동에 대해 좀 더 빠르게 반응하게 된다. 또한 운동 후 48시간이 지나면 운동의 효과는 점차 사라지는데, 반복적으로 트레이닝을 해야만 운동의 효과가 상승한다.

4) 초기수준의 원리

체력이 낮은 사람은 체력 수준이 높은 사람에 비해서 향상 속도가 빠르다. 예를 들어 운동을 처음 배우는 사람들은 하루가 다르게 실력이 향상된다. 하지만 운동을 몇 년 이상 했던 사람들은 초급자들에 비해 실력 향상이 더디고, 정체기가 올 수 있다. 정체기가 오게 되면 운동능력의 향상을 위해 자극의 변화가 필요하며, 강도와 시간 등을 조정해야 한다.

5) 한계성의 원리

운동을 하면 체력이 무한정 향상되는 것이 아니다. 각 개인마다 트레이닝에 의한 향상 정도가 제한되는 유전적 한도가 있다. 트레이닝을 통해 자신의 유전적 최고 한도에 가까워질수록 체력의 향상 속도는 느려지고, 결국에는 더 이상 체력이 향상되지 않는 한계점에 이르게 된다.

6) 가역성의 원리

운동을 하다가 중단하게 되면 몸은 다시 원상태로 돌아가려는 성질이 있다. 왕년에 체력이 좋았던 사람들도 운동을 꾸준히 하지 않는다면 저질 체력으로 돌아가게 마련이다. 또 열심히 운동을 통해 다이어트에 성공한 사람들이 운동을 지속하지 못하면 몇 개월 지나지 않아서 다시 뚱뚱해지는 요요현상이 생기는 것도 바로 가역성의 원리 때문이다. 그래서 운동은 꾸준히 하는 것이 무엇보다 중요하다.

특히 엘리트 선수들은 부상을 당하게 되어 운동을 일정 기간 쉬게 되면 가역성의 원리를 통해 몸이 변화된 것을 체감하게 되는데, 조급한 마음에 무리하다가 부상이 반복되는 경우가 잦으니 천천히 몸을 변화시켜야 한다.

7) 개별성의 원리

사람마다 얼굴의 생김새가 다르듯 운동능력, 성격 등이 다양하다. 운동은 개인의 특성에 따라 다르게 해야 한다. 운동 참여자의 연령, 체력의 수준, 체형, 건강 상태 등에 따라 각각 다른 훈련을 시켜야 한다. 예를 들어 과체중인 사람에게 점프 트레이닝을 지속적으로 시키거나 노인에게 과도한 신체접촉이 있는 운동은 금물이다. 또한 운동을 하는 사람의 심리상태도 고려할 필요가 있다. 나이에 어울리는 운동이 있으니 꼭 참고하길 바란다(p.82 참고).

8) 특이성의 원리

운동을 효과적으로 하기 위해서는 운동의 목적에 맞는 근육을 사용하고 에너지 시스템을 사용해야 한다. 트레이닝의 효과는 특정한 근육군과 에너지 시스템에서만 나타나는데, 이를 '특이성의 원리'라고 한다. 예를 들어 단거리 선수에게 오래 달리기 연습만 계속시키면 효과가 없고, 장거리 수영 선수에게 근력운동만 시킨다면 특이성의 원리를 잘못 이해한 것이다. 운동능력을 상승시키고 싶은 각 부위에 적합한 운동을 해야 한다.

유산소운동 VS 무산소운동

운동의 유형은 크게 유산소운동과 무산소운동으로 나누어진다. 운동을 할 때 필요한 에너지원(ATP)을 어떤 방법으로 만들어 공급하느냐에 따라 분류한 것이다. 일반적으로 이 두 가지 운동의 에너지 생산 방식은 동시에 이루어지지만, 운동의 강도와 지속 시간에 따라 유산소운동과 무산소운동으로 구분한다.

1) 유산소운동

몸 안에 최대한 많은 양의 산소를 공급시킴으로써 지방을 분해시키고, 심장과 폐의 기능을 향상시키며, 혈관을 튼튼하게 하는 효과가 있는 운동이다. '에어로빅스(Aerobics)'또는 '에어로빅 운동'이라고도 부른다. 무산소운동에 비해 큰 힘을 들이지 않고도 할 수 있어 장시간 지속이 가능한 운동이다. 유산소운동으로 비만이 개선되고, 심폐기능의 향상 효과가 있기 때문에 성인병 예방에 큰 도움이 된다.

몸속의 지방을 태우기 위해 하는 유산소운동은 최소 20분 이상 지속해야 효과가 나타난다. 유산소운동의 대표적인 운동은 걷기, 장거리 달리기, 자전거 타기 등이 있다.

2) 무산소운동

운동 중에 산소가 필요 없는 운동으로, 운동의 강도가 강하고 숨이 차서 오래 지속할 수 없는 형태의 운동이다. '언에어로빅스(Anaerobics)', '언에어로빅 운동'이라고도 한다. 무산소운동은 몸에 젖산이라고 하는 피로물질이 많이 쌓이게 되므로 오래 지속할 수 없다.

대표적인 무산소운동인 웨이트 트레이닝은 근력 향상을 목적으로 하고, '저항성운동'이라고도 한다. 이외에 단거리달리기, 팔굽혀펴기, 던지기경기, 도약경기, 역도 등이 여기에 속한다.

운동종목에 따라
좋아지는 체력은 다르다 ||||||||||||||||||||||||||||||||||||||

　　앞서 말한 바와 같이 체력은 여러 가지 요소로 구성된다. 운동능력을 향상시키기 위해서는 체력의 구성요소를 골고루 잘 발달시키는 것이 중요하다.

　　체력을 키우기 위해서는 운동의 특성을 잘 알아야 한다. 역도와 레슬링, 유도 등은 근력과 순발력, 근지구력을 향상시키고, 마라톤과 수영은 심폐지구력을 향상시킨다. 체조와 같은 종목은 민첩성과 유연성, 그리고 평형성을 주로 향상시킨다. 자신의 체력에서 부족한 부분을 알고 체계적으로 훈련하는 것이 운동을 잘하기 위한 방법이다.

　　운동종목에 따라 상대적으로 많이 좋아지는 체력을 요약하면 다음과 같다. 아래의 표를 보면 어떤 체력을 키워야 운동을 더 효과적으로 잘할 수 있는지 알 수 있다.

운동종목	주로 좋아지는 체력
농구	순발력, 민첩성, 심폐지구력
축구	민첩성, 심폐지구력, 순발력
태권도	순발력, 민첩성, 유연성, 평형성
마라톤	심폐지구력, 근지구력
체조	유연성, 평형성, 민첩성
수영	심폐지구력, 근지구력
요가	유연성, 평형성
줄넘기	심폐지구력, 민첩성, 순발력
유도	근력, 순발력, 근지구력, 민첩성

운동과 영양, 휴식의
3박자가 중요하다 ▬▬▬▬▬▬▬▬▬●

운동을 하는 사람들 중에 운동만 열심히 하고, 영양과 휴식에 신경을 쓰지 않는 오류를 범하는 경우가 상당히 많다. 격렬한 운동 뒤에 우리 몸은 영양분의 섭취와 휴식을 원한다. 따라서 운동의 효과를 제대로 얻기 위해서는 영양과 휴식에도 각별히 신경을 써야 한다.

운동 중에는 물도 수시로 마시고, 운동 후 탄수화물 섭취와 같은 영양 섭취가 중요하다. 또 몸의 컨디션을 회복시키는 호르몬이 가장 많이 나오는 저녁 10시부터 새벽 3시까지는 잠자리에 들어 몸이 회복하도록 해야 한다. 열심히 운동을 한 이후에는 휴식을 취해야 하는데, 여러 가지 휴식의 형태 중 최고는 수면이다. 수면을 취하면 멜라토닌 호르몬이 분출된다. 멜라토닌은 면역력을 높여 주고, 부종을 없애며, 인체의 회복에 많은 영향을 준다.

근육은 운동을 하는 동안에 성장하는 것이 아니다. 열심히 운동을 하여 근육이 미세하게 손상되면 그 부분에 영양분이 공급되어 회복되는 과정에서 근비대가 생긴다. 운동만 열심히 하고 영양과 휴식에는 신경을 쓰지 않는다면 헛수고를 하는 것이다. 그러니 열심히 운동을 했으면 일단 양질의 음식을 잘 챙겨 먹자. 운동을 할 땐 에너지원의 섭취가 필요하다는 막연한 상식을 가지고 있지만 어떻게 하면 영양을 제대로 섭취하는 것인지는 어려운 문제이다.

자동차와 같은 기계에 에너지원을 공급해야 제대로 작동하는 것처럼 우리 몸에도 에너지원이 필요하다. 운동할 때 힘을 실어 주는 것은 음식이다. 운동을 할 때 에너지 사용 과정을 살펴보면, 운동 초기에는 탄수화물의 섭취를 통한 혈액 내의 당을 사용하고, 이후 간과 근육에 글리코겐이라는 형태로 저장되어 있는 당을 에너지원으로 사용한다. 이후 체온이 상승하면서 지방을 에너지원으로 사용하는데, 이때 탄수화물이 부족하면 에너지의 전환이 이루어지지 않는다. 그러므로 운동에 있어 탄수화물의 섭취는 매우 중요하다.

1) 언제 음식을 먹을 것인가?

운동의 효과는 운동 전후로 적절한 음식을 먹었을 때 극대화된다. 운동을 하기 직전에 음식을 먹으면 운동 중에 근육으로 혈액이 몰리게 되어 소화가 잘 되지 않고, 복통을 일으킬 수 있기 때문에 운동을 시작하기 1~2시간 전에 간단한 간식을 먹는 것이 좋다.

음식을 먹으면 입을 지나 '식도 → 위 → 십이지장 → 소장 → 대장 → 직장'을 거쳐 밖으로 배출된다. 이 과정에 운동을 심하게 하면 소화가 잘 되지 않아 복통을 일으키기 쉬우니 운동 직전에 과도한 음식물 섭취는 금물이다.

아침에 운동하는 사람이라면 식이섬유가 풍부한 과일을 먹는 것이 좋다. 식이섬유는 빨리 허기를 느끼는 것을 막아 준다. 에너지를 공급하는 데도 도움이 되고, 운동을 하는 데 부담이 되지 않을 정도로 가뿐한 음식이다. 여기에 칼슘과 단백질을 공급해 주는 우유를 함께 마시면 좋다.

단백질이 풍부한 플레인 요거트와 견과류, 과일 등을 골고루 섞어 먹는 것도 운동효과를 향상시키는 비결이다. 견과류는 심장 건강에 좋은 불포화 지방을 함유하고 있으며, 단백질 함량도 높은 편이다. 항산화 성분이 풍부해 우리 몸이 산소를 적절하게 활용하는 데도 도움을 준다.

운동 전에는 소화흡수가 느린 다당류의 탄수화물, 즉 쌀이나 보리, 밀가루, 고구마, 감자, 현미 등을 섭취하는 것이 좋다. 탄수화물은 체지방을 연소하는 데 장작과 같은 역할을 하기 때문에 운동에 있어 매우 중요한 요소이다.

평소의 식사에 있어서 다당류(복합탄수화물)가 주가 되는 식품을 추천하는 이유는 소화와 흡수가 느리다 보니 혈당을 천천히 증가시키기 때문이다. 반대로 단당류의 섭취로 너무 빠르게 소화와 흡수가 이루어지면 혈당이 급격히 상승하여 당뇨병을 유발할 수 있으며, 간에서 지방합성이 증가할 수 있다.

2) 운동 후엔 어떤 음식을 먹을까?

열심히 운동을 했다면 양질의 음식을 잘 챙겨 먹어야 한다. 운동을 한 후에는 혈당이 떨어지고, 근육의 반복적인 수축작용으로 인해 손상된 근육 조직을 회복시켜야 하므로 운동을 마친 다음에는 꼭 음식을 섭취해야 한다. 운동 후에는 소화흡수가 빠른 단당류의 탄수화물을 섭취하고, 과일음료나 바나나와 같은 음식이 권장된다.

운동을 통해 근육의 미세한 손상이 일어나면 근육에서 탄수화물을 요구하게 되는데, 이때 제대로 섭취하지 않으면 근육의 손실이 일어나기 때문에 운동 후 30~40분 이내에 섭취를 해야 근육의 손실을 방지할 수 있다.

더불어 운동을 하면 활성산소가 발생한다. 활성산소는 쉽게 말해 몸을 산화시키는 나쁜 물질이다. 운동을 무리하거나 너무 오래하게 되면 활성산소가 발생한다. 그렇기 때문에 활성산소를 억제하는 항산화 식품을 섭취할 필요가 있다.

대표적인 항산화 식품으로 토마토를 권장한다. 또한 달걀도 권장되는데, 달걀은 근육을 형성하는 데 사용되는 필수 아미노산을 골고루 갖추고 있다는 점에서 완벽한 단백질 식품이다. 하지만 기름을 사용하여 조리한 프라이 형태로 먹으면 칼로리가 높아지므로 삶은 달걀이 이상적이다.

이외에도 고구마, 생선은 오메가-3 지방과 단백질 공급원이며 이는 운동 후 통증을 유발할 수 있는 염증 수치를 완화한다. 고구마는 탄수화물과 식이섬유가 풍부해 포만감을 주고 면역력을 강화하는 비타민 A를 공급한다.

근육의 특성과
발달의 원리

근육은 아래와 같은 특성을 가진다.

① 적당히 사용하면 증진한다.

② 사용하지 않으면 쇠퇴한다.

③ 과다하게 사용하면 파괴된다.

④ 근육마다 회복의 속도가 다르다.

근육은 운동을 통한 새로운 자극에 의해 발달한다. 운동을 통해 근육세포에 미세한 상처를 입히고 나면 적절한 영양 공급과 휴식을 통해 근육이 새롭게 생성되고 더욱 강해지는 원리이다. 자극이 지속되어 적응되면 근육은 더 이상 발달하지 않는다. 이때는 더욱 강하고 새로운 자극을 줘야 계속해서 성장할 수 있다.

근육의 특성과 발달 원리에 따라 우리는 평생 동안 근육을 무리하지 않게 꾸준히 사용해야 한다. 우리 몸에는 약 650개 정도의 근육이 있는데, 근육이라고 다 같은 근육이 아니다. 근육은 위치에 따라 골격근육, 내장근육, 심장근육으로 나뉘며, 움직임을 조절할 수 있는지 여부에 따라 수의근과 불수의근으로 나눈다.

운동 시 사용되는 근육에도 종류가 있고, 사람에 따라 분포된 비율도 다르다. 주로 사용되는 우리 몸에 있는 근육 종류의 분포에 따라서 유산소성 종목에 유리한지 아니면 무산소성 종목에 유리한지를 알 수 있다.

근육은 크게 적근(지근으로도 불리며, 오랜 시간 사용이 가능)과 백근(손근으로도 불리며, 짧은 시간만 사용 가능)으로 구분된다. 실제로 육상선수들의 근육을 검사해 보면 마라톤 선수들은 적근의 분포가 많고(적근 8 : 백근 2), 단거리 선수들은 백근의 분포가 많다(적근 2 : 백근 8). 좀 더 세부적으로 구분하면 근육은 세 가지 형태로 구분된다.

① 지근섬유(SO섬유, Slow Oxidative) - 유산소 시스템을 이용하는 장거리용 근섬유로, 모세혈관이 잘 발달했고, 수축 속도가 느리지만 지속적으로 수축할 수 있다. 근육의 섬유가 가늘어 큰 힘을 발휘하기 어렵다.

② 중간섬유(FOG섬유, Fast Oxidative Glycolytic) - 무산소와 유산소 시스

템을 중복으로 이용하는 중거리용 근섬유로, 근육의 수축 속도는 비교적 빠르고, 수축력이 크며, 지구력도 강하다.

③ 속근섬유(FG섬유, Fast Glycolytic) – 무산소 시스템을 이용하는 단거리용 근섬유로, 모세혈관이 그다지 발달하지 못했다. 근육의 섬유가 굵고, 강한 힘을 발휘할 수 있다. 근육의 수축 속도가 빠르지만 쉽게 피로하기 쉽고, 지속하기 어렵다.

이상적인 근육 운동 프로그램은 위에서 말한 다양한 근섬유를 모두 활용하는 것이 좋다. 일반적으로 FOG 섬유와 FG섬유는 트레이닝을 통해 변화가 가능하지만 SO섬유는 변화가 일어나지 않는다. 사람마다 보유하고 있는 근섬유의 특성이 다르게 존재하고 있다. 기초체력 테스트를 해 보면 어느 정도 파악이 가능하고, 그 테스트를 통해 종목에 적합한 선수를 선발하기도 한다.

근육의
수축

근육운동은 근육의 수축에 따라 등장성운동, 등척성운동, 등속성운동으로 나누어진다.

1) 등장성운동
근육 길이가 짧아지거나 늘어나면서 근력을 발휘하는 운동으로, 근육의 수축이 반복적으로 일어나는 운동이다. 근육의 크기를 키우기 위해서는 등장성운동이 가장 효과적이다. 예를 들어 아령 들기, 앉았다 일어나기와 같은 대부분의 웨이트 트레이닝이 등장성운동에 해당된다. 등장성 수축은 근육의 길이가 짧아지는 단축성 수축과 근육의 길이가 길어지는 신장성 수축으로 구분된다.

2) 등척성운동

근육의 길이가 변하지 않은 채로 근육에 힘을 발휘하는 운동이다. 예를 들면 벽에 손을 대고 최대의 힘을 가하여 미는 운동이나 요즘 복부 단련에 효과적이라고 뜨고 있는 플랭크운동이 대표적인 등척성운동이다. 등척성운동은 관절이 움직이지 않는 상태에서 근육에 힘을 주는 운동이기 때문에 부상의 위험이 적어 초기 재활운동에 많이 사용된다.

3) 등속성운동

등장성운동과 등척성운동의 원칙이 결합된 것으로 근육의 길이와 방력이 변화하고, 운동속도가 일정하게 나타나는 형태다. 보통의 운동에서는 존재하지 않고, 특별히 고안된 등속성운동 기구를 통해 이루어지는 운동이다. 싸이벡스라고 하는 등속성운동 기구가 있다. 아무리 빠르게 차려고 해도 일정한 속도로 움직이게 되어 있다. 등속성운동은 주로 재활운동이나 스포츠 선수와 같은 특수 집단에서 사용하는 근육운동이다. 특별한 장치가 필요하기 때문에 일반인이 등속성운동을 지속적으로 하기는 현실적으로 어렵다. 싸이벡스와 같은 장치가 아니면 물속에서의 운동이 등속성운동과 유사하다.

근육은
조화롭게 움직인다 ||||||||||||||||||||||||||||||||||||||||

몸에 고르게 분포하고 있는 근육은 사용될 때 한 가지만 사용되는 것이 아니다. 근육은 사슬처럼 연결되어 있기 때문에 움직일 때 주변의 여러 근육들이 함께 조화롭게 작용한다. 근육의 움직임은 흔히 아래의 세 가지 용어로 설명된다.

1) 작용근(주동근)

특정한 운동을 시작함에 가장 직접적으로 사용되는 근육이나 근육무리를 말한다. 예를 들어 팔굽혀펴기의 작용근은 가슴의 앞 근육인 대흉근이고, 스쿼트의 작용근은 허벅지의 앞 근육인 대퇴사두근이다. 웨이트 트레이닝을 할 때 작용근에 신경을 집중하여 훈련하는 것이 근육을 성장시키는 데 효과적이다.

2) 대항근(길항근)

작용근과 반대의 작용을 하는 근육이나 근육무리이다. 예를 들어 팔을 접는 근육은 이두근이고, 이두근의 대항근은 삼두근이다. 그리고 다리를 펴는 근육은 대퇴사두근이고, 대퇴사두근의 대항근은 대퇴이두근이다.

이처럼 작용근이 움직일 때 반대편에서 함께 움직인다고 보면 된다.

3) 협동근(보조근)

몸이 움직이는 동안 서로 협력하고 보조하는 근육들이다. 예를 들어 태권도 앞차기나 뻗어 올리기 시에 대퇴의 옆 부분의 근육과 복근 등도 협동근으로 작용하게 된다. 웨이트 트레이닝을 할 때 중량이 가벼우면 협동근이 동원되지 않지만 중량이 무거워질수록 협동근이 보조해 주어야 한다.

아동기 운동이
중요한 이유

세계 어느 나라에 가도 부모들의 자녀 교육에 대한 관심은 뜨거운데, 특히 대한민국의 교육열은 대단하다. 유치원 시절부터 많은 학원을 다녀야 하고, 어린 나이임에도 불구하고 친구들과 신나게 뛰어놀 시간조차 주어지지 않는다.

하지만 아동기에는 신나게 뛰어놀며 다양한 경험을 하는 것이 여러모로 중요하다. 운동과학을 연구하는 전문가들은 아동기의 하루 24시간 중에서 하루 1시간은 아주 활발한 신체 활동이 필요하다고 입을 모은다. 반면 앉아서 게임기나 TV와 같은 미디어를 접하는 시간은 1시간을 넘지 말아야 한다고 권고한다.

운동을 통한 신체의 자극은 인체의 성장과 발달에 많은 도움을 주며, 특히 뇌에 다양한 자극을 주어 두뇌 발달에 매우 긍정적인 영향을 준다. 두뇌는 아동기에 특히 많이 발달하기 때문에 아동기 두뇌의 신경세포 형성을 위해 다양한 운동 경험은 중요하다. 더불어 어린 시절 운동을 한 아동들은 학교에서도 대인관계가 원만하며, 사회성이 좋다. 또한 어린 시절부터 운동을 즐기는 아이라면 비만으로 고생하거나 스트레스를 해소하는 방법을 모르지는 않을 것이다.

필자는 오랜 기간 많은 아동들에게 운동을 지도했다. 경험에 근거하여 자신 있게 말한다. 운동능력이 우수한 아동들은 학교생활의 적응이 빠르고, 친구들과의 대인관계도 원만하다. 운동능력은 또한 학급에서의 인기도와 상당 부분 비례한다.

운동을 통한 다양한 신체 자극은 성장과 두뇌 발달, 사회생활에 필요한 인성 함양에 있어서도 중요하므로 어린 시절부터 운동의 즐거움을 알고 꾸준하게 지속하도록 하자. 아동기부터 형성된 운동하는 습관은 건강하고 활기찬 인생을 사는 데 큰 무기가 되어 줄 것이다.

사춘기 운동이
중요한 이유

신체적·정신적으로 큰 발달을 이루는 청소년기에는 진로, 학업, 외모, 그리고 대인관계 등을 이유로 크고 작은 스트레스를 경험하게 된다. 보고에 따르면 청소년 사망 원인 1위가 자살이라고 하니 그 문제가 심각한 수준이다. 따라서 이 나라의 미래가 될 청소년들이 행복하게 사는 것은 국가적으로도 매우 중요한 문제이다.

사춘기는 여자의 경우 만 10~12세, 남자의 경우 만 12~14세이다. 이 시기에는 제1급성장기라고 불리는 영유아기 이후 다시 한 번 급격한 성장이 일어난다. 식욕이 왕성해지며, 키를 비롯하여 신체의 각 기관이 빠르게 성장한다.

사춘기의 운동은 학업을 효율적으로 수행하기 위한 인지기능과 기억력을 높여 주고, 신체적으로도 매우 긍정적인 효과를 준다. 하지만 많은 학부모들이 자녀가 초등학교 고학년만 되면 운동보다는 학업에 집중하길 원한다. 오랜 기간 운동을 지도한 사람으로서 이런 점이 안타깝고 아쉬운 점이다.

사춘기 시절은 초등학생 시절에 비해 책상에 앉아 있는 학업 시간이 늘어나 근육의 고착으로 인해 유연성이 떨어진다. 또한 사춘기 시절은 몸의 비만세포와 근육세포가 급격하게 늘어나는 시기이다. 사춘기에 체중 관리를 하지 못하여 지방세포가 늘어나게 되면 평생 지방세포를 몸에 지니고 살아야 하기 때문에 나중에 다이어트에 성공하더라도 다시 요요 현상으로 인해 비만해질 확률이 아주 높아진다.

비만은 지방세포의 크기와 수가 증가하는 것을 의미하는데, 사춘기 시기에는 지방세포의 수가 급속히 증가한다. 어린 시절에 생긴 지방세포는 성인이 되어도 숫자가 늘거나 줄어들지 않고 크기만 변화한다. 그러므로 어린 시절에 비만 관리를 철저하게 하는 것이 평생 건강을 위해 대단히 중요하다.

지방세포가 커지는 것은 중성지방이라는 기름 덩어리가 세포에 축적되어 커지는 것을 의미한다. 성인이 되어 체중이 증가하는 것은 비만세포가 새롭게 생기는 것이 아니라, 기존에 지니고 있던 세포가 커진 것이라고 보면 된다. 연구 결과에 따르면 성인이 된 후 운동을 열심히 하더라도 몸에 지니고 있는 지방세포의 수는 줄이지 못하니 사춘기 시절에 운동을 하여 몸의 지방세포 수를 줄이는 것이 평생의 건강을 위해 필수적이다.

지방세포와 마찬가지로 근육조직을 구성하는 근육섬유의 수도 사춘기 시절에 거의 확정된다. 이후에는 근육의 크기만 변화할 뿐 근육섬유의 수는 변화하지 않는다. 그러므로 사춘기 시절에 다양한 운동을 접하고, 몸의 근육량을 늘리는 것이 미래의 건강을 위해 매우 중요하다.

비만은 다양한 성인병을 유발한다는 점에서 정상 체중을 유지하는 것이 건강한 생활을 위해 상당히 중요하다. 나이가 들면 누구나 성인병을 걱정하게 되는데, 사춘기 시절의 운동은 평생 건강을 책임질 든든한 보험과도 같다. 건강학적인 측면에서 아동기와 청소년기의 운동은 미래의 건강을 위한 운동이다. 공부도 중요하지만 평생의 건강을 위해 사춘기 자녀를 둔 학부모라면 운동을 꼭 시키자.

사춘기 시절은 공부할 시간도 부족하다고 생각할 수 있겠지만 적어도 하루 30분, 주 3회 이상 꾸준히 운동한다면 성장판과 성장호르몬 자극에 좋은 영향을 주고, 뇌의 활성화에도 큰 도움을 준다. 더불어 학업에서 받는 다양한 스트레스 해소에도 운동이 큰 도움이 될 것이다.

사춘기에는 다소 격렬한 운동도 소화가 되는 시기이다. 농구와 축구 같은 구기운동과 태권도와 같은 활발한 움직임이 있는 운동도 권장된다. 이와 더불어 사춘기는 인체의 모든 조직이 왕성하게 발달하는 시기이므로 운동과 함께 양질의 영양소 섭취가 중요하다. 길고 튼튼한 뼈를 위해 운동을 마치고 칼슘이 풍부한 우유를 챙겨 마시는 것을 권장한다.

나이가 들면
살이 찌는 이유 ▬▬▬▬▬▬▬▬▬▬●

최근 SNS의 발달로 자신의 일상을 여러 사람에게 알리고 소통하는 문화가 생겼다. 현재의 몸은 사진과 같지 않지만 20대 때의 날렵했던 사진을 올리며 추억하는 사람들을 종종 볼 수 있다. 지금과는 다른 날렵하고 탄탄한 몸을 가진 20대 시절의 사진을 보면서 지금과는 다른 모습에 아쉬워하기도 하고 그리워하기도 한다.

20대 시절 친구들과 밤새도록 술을 먹어도 다음 날 전혀 지장 없었던 체력은 나이가 들어감에 따라 하루가 다르게 약해지고, 예전 같지 않다는 마음이 들게 된다. 그럼 왜 나이가 들면 살이 찌고, 쉽게 피로한 것인가?

바로 기초대사량과 호르몬의 분출량이 변했기 때문이다. 기초대사량은 생명 유지에 필요한 최소한의 에너지 소비량을 말하는데, 일반적으로 20대 때에 가장 왕성한 기초대사량을 가지게 된다. 나이가 들수록 근육량이 줄어들게 되고, 이에 따라 기초대사량이 줄어 같은 양의 영양을 섭취해도 젊은 시절에 비해 쉽게 살이 찌는 것이다.

20대에는 근육의 양이 정점이었다가 나이가 들어감에 따라 점점 줄게 된다. 특히 40대부터는 그 속도가 더욱 빨라진다. 이렇게 근육이 줄고 기초대사량이 줄어들면 같은 양을 먹어도 쉽게 살이 찌는데, 소위 '나잇살이 찐다'고 표현한다.

20대 때에는 전신에 골고루 살이 찌지만 나잇살은 주로 복부에 집중된다. 나잇살은 특히 피하지방이 아닌 내장지방의 형태로 찌기 쉬운데, 내장지방은 복부에 쌓이는 지방으로 혈관 건강에 매우 좋지 않다.

나이가 들어감에 따라 근육량의 감소는 몸의 안정성 감소에도 영향을 준다. 특히 60대 이상의 고령자들은 낙상으로 인한 움직임 감소가 치명적일 수 있으니 40대 이후부터는 근육량 감소에 대비하여 근력운동에 힘써야 한다.

20대 시절은 여러 호르몬이 왕성하게 분출되어 몸의 대사작용을 활발하게 한다. 호르몬은 나이가 들면서 분출되는 양상이 변화하여 노화로 이어진다. 몸의 여러 호르몬 중에서 성장호르몬은 평생에 걸쳐 분비되며, 사춘기 시절에 정점을 이루다가 나이가 들어감에 따라 서서히 줄어든다.

그러던 것이 60세 이후에는 20대의 절반 수준으로 감소하며, 성장호르몬의 감소는 인체의 회복력과 활력을 떨어뜨린다. 특히 여성의 경우 50세를 전후하여 폐경을 맞게 되는데 폐경 이후 호르몬의 급격한 변화로 인해 신체의 노화가 빠르게 진행된다.

노화는 누구에게나 찾아온다. 하지만 근육량의 감소와 호르몬의 변화로 인한 노화는 운동을 통해 진행 속도를 늦출 수 있다. 노화를 거스르려고 하는 마음보다는 적극적인 마음으로 대처하는 것이 현명하겠다. 나잇살이 늘고 빨리 늙는 것이 싫다면 지금 당장 운동을 시작하자.

운동할 때
호흡이 중요한 이유 ⸺⸺⸺⸺⸺⸺⸺

운동을 할 때에는 호흡이 중요하다. 운동 시에 호흡은 몸에 산소를 공급하고 근육 재생과 에너지를 만드는 역할을 한다. 만약 호흡을 잘하지 못하면 혈액 순환에 장애가 생겨 혈압에 문제가 생길 수 있다. 더불어 운동 중에 기합을 넣으면 중추신경을 자극하여 큰 힘을 발휘할 수 있다. 역도 선수나 투포환 선수가 기합을 넣고 힘을 주는 데에는 이유가 있는 것이다.

1) 근육 운동 시

일반적으로 힘을 줄 때 숨을 내쉰다. 예를 들어 무거운 중량을 밀어 올리거나 권투선수가 펀치를 뻗을 때 숨을 뱉으면서 동작을 해야 큰 힘이 생긴다. 하지만 흉곽이 열리면서 힘을 주게 되는 래터럴 레이즈(어깨 삼각근을 키우기 위한 운동)와 같은 운동은 힘을 줄 때 숨을 들이쉬게 되어 예외적인 경우도 있긴 하다.

2) 스트레칭 시

몸을 늘릴 때 숨을 내쉰다. 숨을 내쉬면서 스트레칭을 해야 몸이 이완

되는 효과를 얻을 수 있다.

운동과
긴장감 ||||||||||||||||||||||||||||||||||||||||||||

사람들은 정도의 차이가 있지만 누구나 낯선 환경과 상황에서 긴장을 한다. 적당한 긴장감은 근력을 증가시키고 초인적인 힘을 발휘하게도 하지만, 과도하게 긴장하면 평소에 자신이 가지고 있던 실력을 제대로 발휘할 수 없게 된다.

연습 때는 아주 좋은 기량을 가지고 있는 사람이라도 막상 중요한 시합이나 시범에서는 제 기량을 발휘하지 못하는 경우를 자주 볼 수 있다. 각종 미디어를 통해 가장 강력한 우승 후보라고 보도하여 대중들의 관심이 집중되면 선수는 긴장감으로 인해 좋은 성적을 거두지 못한다. 따라서 긴장을 해소하는 효과적인 방법을 알고 있어야 한다. 그럼 어떻게 해야 긴장이 풀리고 자신의 실력 발휘를 제대로 할 수 있을까?

1) 가슴을 펴자

긴장감을 해소하는 방법에는 여러 가지가 있는데, 일단 자세를 당당하게 하는 것이 좋다. 몸이 움츠러들면 긴장감을 느끼게 하는 호르몬이 나온다는 연구 결과도 있다. 가슴을 펴고 있는 사람은 시각적으로도 매우 당당해 보인다. 꼭 운동을 하는 환경이 아니라도 평상시 가슴을 펴는 습관을 가지도록 하자.

2) 머릿속으로 상상하자

긴장을 하게 되는 가장 큰 이유는 자신감이 부족하기 때문인데, 자신감이 상승하려면 그 상황을 많이 경험해 보는 것이 중요하다. 하지만 현실적으로 미리 경험하기 어려운 경우에는 미리 상상을 통해 머릿속으로 그 상황을 그려 보는 것이 긴장감 해소에 도움이 된다. 트레이닝 방법 중 이미지 트레이닝은 심리적 안정감을 주고 긴장감을 해소해 준다.

3) 맨손체조와 스트레칭을 하자

간단한 맨손체조와 스트레칭을 통해 몸의 경직된 근육을 풀어 주는 것도 긴장 해소에 도움이 된다. 몸이 움직이면 열이 발생하여 말초신경이 모여 있는 손과 발이 따뜻해질 뿐만 아니라, 긴장감을 없애는 호르몬이 분출되기 때문이다. 특히 어깨근육이 경직되면 목과 턱 근육도 함께 경직되어 뇌로 유입되는 혈류에 방해를 주게 되어 긴장감이 더해질 수 있다. 달콤한 사탕을 먹거나 껌을 씹는 등의 행동도 불안과 우울을 날릴 수 있어서 중요한 일을 하기 전의 긴장 해소에도 도움이 된다.

살다 보면 누구나 긴장되는 상황에 맞닥뜨리게 되는데, 위에 소개한 내용을 활용한다면 도움이 될 것이다. 긴장감은 자신감이 결여되는 데에서 오는 것이기 때문에 위에 소개한 내용들을 참고하여 당당하게 상황에 임하는 것이 좋다.

운동에도 순서가 있다,
준비운동은 꼭! ||||||||||||||||||||||||||||||||||||||||||||

운동을 처음 시작하는 사람은 시행착오를 겪기 쉽다. 가능하면 주위로부터 도움을 얻어 운동에 대한 코치를 받는 것이 효과적이다. 운동에 대한 상식 없이 진행하게 되면 효과가 떨어지거나 자칫 다치기 쉽다. 아래의 순서는 운동을 처음 하려는 사람에게 공통적으로 적용되는 내용이니 참고하길 바란다.

1) 준비운동

시간은 10분 정도. 준비운동을 꼼꼼하게 하는 것은 매우 중요하다. 특히 운동을 처음 시작하는 사람은 준비운동 하는 습관을 잘 들여야 한다. 준비운동은 유산소운동으로 시작하여 몸의 체온을 올리는 것에 집중하고, 동적인 스트레칭을 통해 관절의 가동 범위를 높여 부상을 예방해야 한다.

2) 본운동

자신의 취향과 목적에 따라 선택한 운동을 한다. 너무 긴 시간 운동하는 것은 무리가 될 수 있으니 점차적으로 시간을 늘려 나가도록 해야 한다.

3) 정리운동

시간은 준비운동과 같이 10분 내외. 가볍게 뛰거나 걷는 유산소 운동으로 시작하여 정적 스트레칭을 하면 운동 후의 피로감을 줄이고, 유연성 향상에 도움이 된다.

추운 겨울에 자동차의 시동을 급하게 걸고 출발한다면 자동차의 수명은 단축될 것이다. 운동 역시 준비운동 없이 바로 본운동에 들어간다면 좋은 퍼포먼스를 내기도 힘들고, 몸에 무리를 주게 된다. 준비운동은 우리 몸이 강한 운동에 적응하도록 혈액 순환을 촉진시켜 체온을 높여 주는 역할을 한다. 신진대사가 활발한 청소년이나 청년들은 준비운동을 무의미해하거나 지루해하는 경향이 있는데 운동 전에는 꼭 준비운동을 하는 바른 운동습관이 중요하다.

준비운동을 하는 목적은 크게 두 가지이다. 첫째는 관절의 가동 범위를 높여 부상을 방지하기 위함이고, 둘째는 근육의 온도를 높여서 최상의 몸 상태를 만들기 위함이다.

스포츠 경기중계를 보면 교체·투입되기 전에 준비운동을 충분히 하고 들어가는 모습을 봤을 것이다. 예전에는 운동 시작 전에 정적 스트레칭을 많이 했었지만 최근 발표된 여러 연구에 의하면 경기 전 정적 스트레칭은 경기력 향상과 부상 방지에 큰 도움이 되지 않는다고 한다. 정적인 스트레칭보다는 저강도의 동적 스트레칭을 통해 강도를 높여 나가는 것이 훨씬 효과적이다.

스트레칭은 근육을 늘려서 관절의 가동 범위를 높이는 운동으로, 건강과 바른 체형을 위해 아주 좋은 운동이다. 스트레칭은 특별한 도구가 필요 없고, 언제 어디서라도 할 수 있는 장점이 있다. 또한 부상을 예방하는 효과가 있고, 신체에 활력을 주며, 재활에도 효과적이다. 운동 전에 스트레칭을 할 때는 몸의 중심에 있는 큰 근육에서 사지의 근육 순으로 해야 효과적이다. 큰 근육이 유연해지면 작은 근육은 자동으로 유연해지기 때문이다.

정리운동이
중요한 이유

준비운동, 본운동을 열심히 했다면 정리운동에도 시간을 투자해야 한다. 정리운동은 운동 후 빠른 회복을 위해서 중요하다. 빨라진 심박수를 정상으로 되돌리고, 활성화된 근육을 정리하여 근육의 통증을 최소화하기 위함이다. 정리운동을 할 때는 체온이 상승한 상태인데, 이때 유연성운동을 하게 되면 유연성 향상에 큰 도움이 된다. 앞서 말한 여러 가지 유연성운동 중에서 정적 스트레칭이 정리운동에 권장된다.

정적 스트레칭은 30초에서 60초 정도 동작을 유지하면서 근육을 늘려주는 것인데, 절대로 무리해서는 안 된다. 과도한 스트레칭은 근육에 손상을 주기 때문에 무리하지 않는 범위 내에서 운동 수준에 맞게 스트레칭을 해야 한다.

03

나에겐
어떤 운동이 맞을까?

운동의 효과를 극대화하기 위해서는 적절한 방법이 필요하다. 학창 시절 학업 성적이 우수했던 친구들은 학업 계획을 잘 세워서 효과적으로 공부한 친구들이 었다. 공부도 전략을 짜서 해야 하듯 운동도 작전을 잘 세워야 한다. 운동도 무조건 많이 하는 것보다는 짧고 굵게, 그리고 집중해서 가능한 효과적으로 하는 것이 중요하다. 특히 바쁜 일상을 살아가는 현대사회에서 운동시간에 너무 많은 시간을 투자하기란 쉽지 않다.

사람마다 성격이 다르고 취향이 다르듯 운동도 사람마다 어울리는 종목이 있다. 걷기, 천천히 달리기와 같이 유산소운동이 몸에 맞는 사람이 있을 것이고, 웨이트 트레이닝과 같은 무산소운동이 몸에 잘 맞는 사람도 있을 것이다. 생활 패턴과 취향에 따라 선택해야 운동을 꾸준히 지속할 수 있다.

특히 신체적 특성은 운동종목 선택에 있어서 중요한 고려사항이다. 예를 들어 신체적 질환이 있는 사람에게는 운동종목의 선택이 중요한데, 허리 디스크가 있는 사람이 관절에 부담이 있는 골프나 줄넘기 등을 하면 운동 때문에 상태가 더욱 악화될 것이다. 또한 자신이 가지고 있는 체형이나 유전적인 특성도 운동종목의 선택에 있어 중요한 요소이다.

시작부터
배부를 수는 없다

무엇이든 처음부터 만족할 만한 결과를 이룰 수는 없다. 앞서 말한 바와 같이 운동에는 여러 가지 목적이 있는데, 처음부터 그 목적을 이룰 수는 없기 때문에 차근차근 이루어 나가야 한다. 목적을 가지고 야심차게 운동을 시작하는 사람들은 무리하기 쉽다.

트레이닝을 통해 몸의 감각적인 변화를 느끼기 위해서는 최소 2~3주가 소요되고, 눈에 보이는 운동효과를 보기 위해서는 일반적으로 약 3개월 정도가 소요된다. 그래서 운동과학 분야의 많은 연구들을 보면 3개월간의 트레이닝 효과를 밝힌 연구들이 많다.

필자가 운동과학 분야의 논문을 리서치 해 본 결과, 연구의 90%는 10주~12주 전후의 기간을 두고 진행되었다. 다시 말해 3개월 이상의 운동을 해야 어느 정도 눈에 보이는 효과가 나타난다는 것이다. 어떤 운동을 했느냐에 따라 짧게는 6주~8주도 트레이닝의 효과를 볼 수 있겠지만, 일반적으로 3개월 정도의 기간이 지나야 트레이닝의 효과가 나타난다. 조급한 마음을 가지지 말고 천천히 강도를 높여 가며 운동을 하자. 특히 건강을 위한 운동이라면 평생 해야 하는 운동이기 때문에 조바심을 낼 필요는 없다.

우리가 트레이닝의 효과를 얻기 위해서는 여유로운 기간을 확보하고 운동하는 것이 좋다. 가장 이상적인 트레이닝의 효과를 보기 위해서는 6개월 정도의 시간이 걸린다. 운동은 목적에 따라 주기화와 점진성의 원리에 따라 서서히 강도를 증가시켜야 하는데, 예를 들어 운동 시작 후 처음 한 달은 운동에 몸이 적응하도록 비교적 약한 강도로 시작하여 안정성을 확보하고, 점차 강도를 높여 나가는 것이 중요하다.

● 운동프로그램의 3단계
운동을 시작하면 몸이 적응하고 변화하는 데 일정한 기간이 필요하다.

적당한 운동 강도를 위한
심박수 체크 |

운동을 열심히 하고는 있는데 적당한 강도로 하고 있는지 모르겠다면 심박수를 체크해 보자. 최근 웨어러블 디바이스의 발달로 인해 누구나 쉽게 심장박동수를 측정할 수 있다. 측정기계가 없더라도 자신의 맥박을 확인하여 심박수를 쉽게 확인할 수 있다. 나이가 들면서 체력이 약해져 심박수가 올라가는데, 유산소운동 시에 심박수를 체크하면서 운동하는 것이 적당한 운동 강도를 찾는 데 효과적이다.

유산소 능력은 심장의 기능과 정비례한다. 심장기능이 우수하다는 것은 심장이 적게 뛰면서 많은 양의 혈액을 공급하는 것을 말한다. 운동을 통해 심장의 기능을 향상시킬 수 있는데, 먼저 자신의 최대심박수를 알아보자.

일반적으로 최대심박수는 '220 − 나이'이다. 평소 운동을 꾸준히 한 사람은 나이에 비해 최대심박수가 높을 수 있지만, 최대심박수 계산에 가장 일반적으로 사용되는 공식이다.

예를 들어 나이가 40세라면 '220 − 40 = 180'이기 때문에 180이 최대심박수가 된다. 아래의 표를 보면 최대심박수에 따른 트레이닝 효과를 이해하기 쉽다.

최대심박수와 운동효과

운동 강도	최대심박수 대비	트레이닝 효과
아주 어렵다	90% 이상	최대한의 근력과 폐활량을 강화시킬 수 있다.
어렵다	80~90%	피로물질인 젖산에 대한 내성을 키우고 심폐지구력과 근지구력 향상에 도움이 된다.
보통이다	70~80%	건강 증진을 위한 대부분의 운동이 여기에 속한다.
쉽다	60~70%	신체능력을 향상시켜 몸을 회복하는 데 효과적이다. 근육을 조금 사용하고 심장이 조금 뛰는 정도의 느낌.
아주 쉽다	50~60%	준비운동과 정리운동 시에 효과적이다. 트레이닝을 하는 동안 몸을 회복하고 운동 후 몸을 식히는 쿨다운(cool down)에 사용한다.

체형에 어울리는
운동을 하자

운동을 잘하려면 자신의 체형을 파악해야 한다. 사람마다 체질이 다르듯 체형도 각기 다르다. 마른 체형, 비만 체형 등 사람마다 다양한 체형이 있는데, 운동을 할 때 체형을 무시해서는 안 된다. 비만인 사람이 과도한 점프 동작이 많은 종목을 하게 되면 관절에 무리가 간다. 반면 너무 마른 사람이 격한 운동을 하게 되면 몸에 무리를 줄 수 있다.

예를 들어 키가 2m가 넘고 체중이 100kg이 넘는 사람이 체조의 텀블링 동작을 한다고 생각해 보자. 보기만 해도 위태롭게 보일 것이고, 동작 하나하나가 몸에 무리를 가게 할 것이다. 종목의 특성상 체조에는 키가 작고 다부진 체형이 유리할 것이고, 농구와 같은 스포츠 종목에는 키가 큰 사람이 유리하다. 특히 엘리트 선수를 꿈꾸는 사람이라면 자신의 체형과 더불어 유전적인 특성을 참고할 필요가 있다.

나이에 맞는
운동을 하자

물건을 살 때 가성비를 따져야 한다. 가능하면 가격 대비 성능이 좋은 물건을 사는 것이 소비자로서 이익인 것이다. 운동에도 가성비와 같은 것이 나이에 어울리는 운동을 선택하는 것이다. 운동은 평생 친구와 같다. 자기 몸에 맞는 운동을 선택하여 꾸준하게 트레이닝하면 100세 시대를 건강하게 생활할 수 있다.

사람은 일생을 살면서 성장과 발달을 하고, 어느 정도의 시점이 지나면 노화가 시작된다. 10~20대는 몸의 회복력이 빨라 격렬한 미식축구와 격투기 종목에 도전해도 좋은 시기이다. 하지만 나이가 들어 회복력이 떨어졌다면 적절한 운동종목을 현명하게 선택해야 한다.

1) 1세~5세

다양한 운동을 접해 보는 것이 좋다. 신경계의 발달이 왕성한 시기이므로 전신을 골고루 사용하는 운동을 권장한다. 예를 들어 수영, 공놀이, 부모와 달리기, 자전거 타기 등이 좋다. 운동을 너무 격렬하게 하거나 오래 하게 되면 아직 완성되지 않고 발달하고 있는 신체에 무리가 올 수 있으니 주의해야 한다.

2) 6세~11세

아동기는 청소년기나 성인기에 비해 신체의 움직임이 활발한 시기이다. 키의 성장에 도움이 되고, 면역력을 향상시킬 수 있는 운동이 권장된다. 초기 아동기에는 흥미를 가지고 시작할 수 있는 운동이 좋고, 나중에는 기술적인 측면도 습득할 수 있는 운동이 권장된다. 태권도, 축구, 인라인 스케이트와 같은 운동이 권장된다.

3) 12세~17세

청소년기는 제2차 성징이 나타나면서 정신적·신체적으로 변화가 큰 시기이므로 운동을 통한 에너지의 발산이 필요한 시기이다. 청소년기에는 근육과 비만세포가 빠르게 늘어난다. 특히 청소년기에 비만세포의 수가 급격하게 늘어날 경우 성인이 되었을 때 각종 성인병의 위험성이 증가하기 때문에 정상 체중을 유지하도록 정기적인 운동을 하는 것이 중요하다.

또한 성장이 급격하게 일어나는 시기이므로 과부하의 중량운동보다는 스트레칭과 같은 몸을 펴는 운동이 권장되고, 전신을 골고루 자극할 수 있는 운동이 좋다. 신체의 회복능력이 뛰어난 시기이므로 종목을 가리지 말고 다양한 운동을 접해 볼 시기이다. 성인만큼의 운동학습이 가능한 시기이나, 신체적인 발달에 비해 심리적으로 미숙한 상태이다.

4) 18세~30세

신체의 발달이 완성되어 일정 기간 최고의 체력(21세~25세)을 유지하는 시기이다. 사회적 특성상 많은 학업과 진로에 대한 고민이 있는 시기이므로 신체적으로 에너지를 발산할 수 있는 운동을 선택하여 꾸준히 하면 신체적·정신적으로 도움이 된다.

또한 운동을 통한 다양한 커뮤니티가 활성화된 요즘 시대에 자신에게 맞는 운동을 찾아 시작한다면 삶에 큰 활력이 될 것이다. 나이가 들면 열정도 식고 몸의 회복력이 떨어지기 때문에 마라톤이나 격투기 운동의 도전도 이 시기가 가장 적합하다.

5) 30대

건강을 챙기기 시작해야 하는 나이이다. 30대 초반부터 생리적으로 체력이 서서히 저하되지만 사회적으로 바쁜 생활을 하는 시기라 대부분 자각하기가 힘들다. 청년기에서 장년기로 접어드는 시점이 되면 무리한 운동을 줄이고, 평생 가져갈 운동종목과 운동습관을 만드는 것이 중요하다.

유연성이 점차 떨어지기 때문에 스트레칭을 꾸준히 하면 좋다. 30대 후반부터는 인체 회복력이 떨어지는 것을 대부분 체감하게 된다. 부상에 조심하면서 운동을 해야 하는 시기이고, 운동을 통한 성인병 예방에 대한 관심을 가지는 것이 좋다.

6) 40대

옛 생각을 버리고 건강을 위한 운동을 선택해야 한다. 30대와 40대에는 정형외과에 가서 의사와 상담하게 될 경우가 종종 생긴다. 특히 운동 능력이 우수했던 사람은 예전 생각에 무리하기 쉽다. 마음은 20대이지만 몸은 예전 같지 않다는 사실을 꼭 알아야 한다.

대학에서 체육을 전공했던 필자는 주위에 몸이 좋고, 점프력이 강하며, 소위 날아다녔던 사람들이 많다. 하지만 세월은 못 속이는 법이고, 운동 시 나이를 고려하지 않으면 부상은 따라올 것이다. 한 선배는 대학 시절 체조를 상당히 잘하고 몸이 날렵했지만 회사 체육대회 축구시합에서 텀블링을 하다가 종아리 근육이 파열되었다고 한다.

예전에는 쉽게 했던 동작을 40대의 나이에 무리하게 시도한 것이 화근이었다. 세월이 흘러도 마음만은 그대로였는데, 대학 졸업 후 회사에 다니면서 불어난 체중과 떨어진 몸의 탄성은 생각하지 못했던 것이다. 이후 어느 정도 회복은 되었지만 여전히 다리는 불편하고, 평생 관리해야 하는 상태가 되었다.

40대는 인생에 있어 사회적으로 가장 활동의 폭이 넓은 시기이다. 왕성한 사회활동이 이어지다 보면 자기 몸을 관리하는 데 소홀해지기 쉬우며, 자칫 큰 질병에 걸릴 수 있으니 조심해야 한다. 장년기에는 앞으로 인생에 활력을 더해 줄 건강을 위한 운동에 중심이 실려야 하고, 건강을 위해 운동을 꼭 실천해야 하는 시기이다.

7) 50대

근력의 감소가 가속화된다. 특히 여성의 경우 근육량 감소가 각종 질환을 유발할 수 있기 때문에 운동을 통해 에너지 대사기능을 활발하게 하는 것이 중요하다. 전반적인 체력이 많이 약해지기 때문에 근력운동, 유연성운동, 그리고 심폐지구력 강화운동이 권장된다.

이 시기에는 상대방과 겨루거나 무리하게 경쟁심을 유발하는 운동은 절대적으로 피해야 한다. 무리한 경쟁심으로 인한 과도한 동작이 운동 상해를 유발할 수 있기 때문이다. 등산, 자전거 타기, 조깅, 수영과 같은 일정한 강도의 운동이 좋다.

8) 60세 이후

노년기의 운동 목표는 무엇보다 건강이다. 60세가 넘으면 신체의 각

기관이 약해진 상태이기 때문에 운동을 통해 신체의 건강을 유지하는 것이 중요하다. 운동 중에 발생하는 부상은 운동으로 얻은 효과를 한순간에 날려 버리기 때문에 무엇보다 안전에 유의해야 한다. 위험한 운동은 처음부터 시작하지 말고, 가벼운 웨이트 트레이닝이나 맨손체조, 수영과 같은 수중운동 등 안전한 저강도의 운동이 적합하다.

고령자들은 헬스장에 가서 무리하게 운동을 하는 것보다 일상생활에서 신체의 활동량을 늘리는 것만으로도 기초대사량을 높여 건강한 생활을 할 수 있다. 일상생활에서 산책, 계단 오르기, 청소 등을 통하여 몸에 열을 내는 생활을 하면 건강에 도움이 된다. 성인병을 가지고 있는 사람이라면 질환에 대한 특성을 이해하고, 무리하지 않는 범위 내에서 운동을 해야 한다.

몸의 중심근육을 강화하자

팔과 다리가 우람하게 보이는 것은 많은 남성들의 로망이다. 하지만 몸의 중심근육을 강화하는 것이 허리의 통증을 없애고, 운동 중 부상을 방지하는 데 훨씬 중요하다. 몸의 중심부에 있는 근육을 '코어근육'이라고 하는데, 골반과 척추를 바로잡아 주는 역할을 하는 근육으로 우리 몸의 중심을 잡아 주는 중요한 역할을 한다.

코어근육이란 복부, 등과 허리, 골반, 엉덩이 등에 위치한 복횡근, 다

열근, 골반 하부 근육, 횡격막 등을 이야기한다. 코어근육이 약하면 골
반이 틀어지고, 척추뼈가 휘어져 다양한 근골격계 질환을 유발하고, 뇌
로부터 내려오는 척수신경을 자극하여 건강에 악영향을 준다. 또한 몸의
중심근육이 약화되면 배의 압력이 떨어져 내장기능도 약해지니 생활 건
강에 있어서도 매우 중요한 근육이다.

　코어근육의 강화로 스포츠 활동에서 안정성을 확보할 수 있으며, 더
욱 좋은 퍼포먼스 향상에 도움이 된다. 대표적인 운동으로 플랭크, 스쿼
트, 엎드려 팔과 다리 뻗기 등의 운동이 코어근육 강화에 도움이 된다.

● 플랭크
예전에는 윗몸일으키기가 복근의 단련에 좋은 운동이었으나 최근에는 허리와 목의 부상을 일으킨
다는 보고가 있어 부상 위험이 적은 플랭크와 같은 복근운동이 권장되고 있다.

체력 향상을 위한
트레이닝 방법의 종류 ▮▮▮▮▮▮▮▮▮▮▮▮▮▮▮▮▮▮▮▮▮▮▮▮▮▮▮▮▮▮▮▮▮▮●

지구상에는 운동을 효과적으로 하기 위한 여러 가지 트레이닝법이 있다. 다양한 트레이닝의 특징을 알고 있으면 운동의 효과를 배가시킬 수 있다.

1) 안정성이 높은 근육훈련 "아이소메트릭 트레이닝"

아이소메트릭 트레이닝은 등척성수축을 이용한 훈련이다. 등척성수축이란 근육의 길이가 변하지 않는 상태에서 근육에 힘을 주는 것을 말한다. 예를 들어 플랭크 자세와 벽 밀기, 팔 굽힌 상태에서 버티기와 같이 근육의 길이 변화가 일어나지 않은 상태에서 근육에 힘을 주는 방법이 아이소메트릭 훈련이다. 주로 부상자의 재활운동에 효과적이며, 안정성이 높은 훈련 방법이다.

2) 짧은 시간에 다양한 체력을 키울 수 있는 "서킷 트레이닝"

체력 트레이닝에 시간이라는 요소를 더하여 근육·호흡·순환기능의 점진적 발달을 목적으로 하는 트레이닝법이다. 서킷 트레이닝은 다른 말로 '순환운동'이라고도 표현한다. 여러 가지의 체력운동을 조합하여 하나의 세트로 만든 트레이닝법이다. 서킷 트레이닝의 장점은 좁은 공간에서 순환운동을 통해 여러 체력을 효율적으로 향상시킬 수 있다는 점이다.

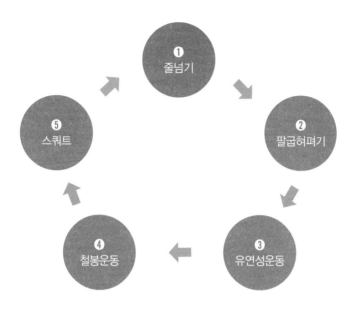

● 서킷 트레이닝의 예시

'줄넘기 → 팔굽혀펴기 → 유연성운동 → 철봉운동 → 스쿼트 → 줄넘기' 등의 운동을 구간별로 1분 간 운동하고, 각 구간을 이동할 때 10초간 휴식을 취한다. 이러한 과정을 총 3~4세트 반복하면 다양한 체력을 키울 수 있고, 지루함이 덜하다.

3) 강한 운동지속능력을 만들고 싶다면 "인터벌 트레이닝"

'구간훈련'이라고도 불리며, 육상경기나 수영경기의 중·장거리 연습에 쓰이는 트레이닝법이다. 운동 중간에 가벼운 운동을 하면서 불완전한 휴식을 취하거나 몸의 피로가 충분히 회복되기 전에 다시 운동을 하여 운동의 지속능력을 높이고자 하는 훈련 방법을 말한다. 강도 높은 운동을 한 뒤 충분히 쉬지 않는다는 점이 특징이다.

예를 들어 '① 짧은 구간을 전력으로 달린다. → ② 잠시 천천히 달린다. → ③ 다시 전력으로 달린다.' 이와 같은 패턴을 반복하며 훈련하는 형식의 훈련법이다.

인터벌 트레이닝은 단기간에 체력을 끌어올리는 데 효과적이다. 특히 지구력 향상에 큰 도움이 된다. 더불어 운동의 강도와 시간, 반복횟수 등을 조절함으로써 스피드, 근지구력, 심폐지구력 등 다양한 체력을 키울 수 있다.

인터벌 트레이닝 후 휴식기의 산소 섭취량이 운동 시보다 오히려 더 높은 수준을 유지하기 때문에 휴식을 취하고 있더라도 운동을 하는 듯한 효과가 지속되는 것이다.

4) 상상은 현실이 된다, "이미지 트레이닝"

'멘탈 트레이닝(mental training)' 또는 '심상훈련'이라고 불리는 훈련법이다. 머릿속에서 시합이나 훈련 상황을 상상하는 것이다. 이 방법의 장점은 중요한 시합을 앞두고 있는 선수에게 시합장의 분위기와 모습 등 가상의 진행 상황을 머릿속에 미리 생각해 보게 함으로써 긴장을 완화시키고, 경기력을 향상시킬 수 있다는 점이다. 이미지 트레이닝은 회사에서의 중요한 발표나 대중들 앞에서 강연을 할 경우 머릿속으로 미리 상상해 봄으로써 긴장감을 완화시킬 수 있다.

5) 근력과 순발력을 키워 주는 "플라이오메트릭 트레이닝"

쉽게 말해 점프 동작을 통해 체력을 향상시키는 훈련법이다. 플라이오메트릭 트레이닝의 효과는 많은 연구논문을 통해 입증되었다. 특히 점프력과 같은 순발력의 향상에 큰 도움이 되는 훈련법이다. 하지만 플라이오메트릭 트레이닝은 강한 점프가 관절에 부담을 주어 부상을 일으킬 위험성이 있으니 비만하거나 노년층에게는 권장되지 않는다. 일반적으로 운동선수들에게 권장되는 강한 운동이지만 안정성만 확보된다면 일반인들도 할 수 있다. 플라이오메트릭 트레이닝의 예로는 점프 스쿼트, 점프 푸쉬업 등이 있다.

6) 운동 잘하는 사람을 보고 배우자, "시청각 트레이닝"

필자가 운동을 가르치면서 자주 사용하는 말이 있다. "눈은 보배다." 인체의 여러 감각 중에서 시각은 운동능력 향상과 신기술 습득을 위한 매우 중요한 감각이다. 시각적으로 보고 배우는 것이 가장 효과적인 방법인데, 일반적으로 신체능력이 우수한 지도자에게 운동을 배운 사람들은 운동능력이 뛰어나다. 지도자의 시범이 시각적으로 전달되어 학습에 영향을 미쳤기 때문이다.

최근의 운동기술을 보면 전과 다르게 빠른 속도로 발전해 가고 있다. 이러한 운동기술의 기능적 향상은 미디어의 발달로 인해 상당 부분 이루어졌다. 예전에는 볼 수 없었던 인터넷을 이용하여 각종 미디어 콘텐츠를 시청하면서 보고 배우는 것이다. 인터넷이나 동영상을 쉽게 접할 수 없었던 시절에는 보고 배울 수 있는 환경이 갖춰지지 못했지만 이제는 누구나 쉽게 인터넷 검색을 통해 자신이 발휘하고 싶은 동작을 보고 배울 수 있다. 눈으로 보고 따라 하게 되면 결과적으로 기술의 향상을 가져온다. 이런 이유로 최근에는 많은 운동지도자들이 장비를 설치하여 시청각 교육을 적극적으로 활용하고 있다.

이외에도 트레이닝의 방법은 수도 없이 많다. 운동을 하는 사람과 지도자는 트레이닝 목적에 맞게 여러 훈련 방법을 이해하고, 새로운 훈련법을 개발할 필요가 있다. 최근에는 여러 가지 소도구를 이용한 수련법이 등장하고 있고, 많은 트레이닝 방법이 학술대회에 발표되고 있다.

키 성장에
운동이 중요한 이유

키의 성장은 많은 사람들의 관심사이다. 특히 성장기 자녀를 둔 학부모나 성장기의 아동, 청소년들은 어떻게 하면 키가 클 수 있을지에 대해 고민해 봤을 것이다. 성장을 위해서는 다양한 요건이 있는데 유전, 운동, 영양, 휴식, 스트레스 및 질환 관리로 요약할 수 있다.

이 중에서 유전적인 부분은 내가 선택할 수 있는 부분이 아니라 어찌할 수 없지만 나머지 요인들은 후천적으로 어떻게 관리하느냐에 따라 키가 더 크고, 덜 클 수도 있다. 특히 운동은 키 성장에 직접적인 영향을 주는데, 왜 운동이 키 성장에 있어서 중요할까?

첫째, 우리 몸속에는 성장호르몬, IGF-1, 갑상선호르몬, 성호르몬 등의 키를 성장하게 하는 호르몬이 있다. 이 중 성장호르몬은 수면 중에 주로 분비되고, 운동을 할 때에도 직접적으로 분출된다.

둘째, 운동은 성장판을 자극하여 성장판의 세포분열을 촉진시킨다. 성장판은 뼈의 성장이 일어나는 부분으로 고관절, 정강이, 대퇴골, 발목, 손목, 발뒤꿈치, 손가락, 발가락 등 기다란 모양의 뼈 위아래에 위치한다. 특히 무릎과 고관절, 그리고 발목 부위의 성장판 역할이 큰데, 줄넘기와 같은 상하 수직운동으로 자극을 받으면 키 성장에 큰 도움을 준다.

셋째, 비만은 성장을 방해하는 요인인데, 운동은 비만을 예방하는 가장 효과적인 방법이다. 비만하게 되면 체지방이 많아 사춘기의 시작이 앞당겨지며, 빨리 시작된 사춘기는 성장에 좋지 않은 영향을 준다.

넷째, 운동은 스트레스 해소에 큰 도움이 되고, 숙면에도 좋은 영향을 주어 키 성장에 도움을 준다. 성장기의 키 성장과 일상생활의 활력을 위해 꾸준히 운동하고, 일찍 자고 일찍 일어나는 습관을 가지도록 하자.

키 크는 운동이 따로 정해져 있는 것은 아니지만 줄넘기, 농구와 같은 점프를 많이 하는 운동은 성장판 자극에 도움이 된다. 태권도와 같은 뻗는 근육을 사용하는 운동이나 스트레칭, 달리기 등도 성장에 도움이 되는 운동이다. 반면 너무 무거운 중량을 들고 내리는 운동, 몸에 무리가 가는 과도한 충격이 반복되거나 통증이 심한 운동은 성장에 도움이 되지 않는다.

엘리트 운동선수를
위한 조언

운동을 꾸준히 하다 보면 실력이 쌓여 잘하게 된다. 운동이 적성에 맞는다고 생각되면 꿈을 가지고 전문적인 선수가 되기를 희망하게 된다.

운동선수는 프로다. 운동선수가 아마추어같이 생활을 하게 되면 좋은 성적을 거두지 못할 뿐 아니라 오랜 기간 선수 생활을 지속하기 힘들다. 프로는 열정과 꾸준함이 있어야 하며, 몸과 정신을 철저하게 관리해야만 훌륭한 선수로 성장할 수 있다. 필자는 운동을 오래한 사람으로서 철저한 자기관리로 오랜 기간 프로 생활을 이어 가는 엘리트 선수들에게 경의를 표한다.

선수들의 상황을 보면 연간 수많은 시합을 소화하고, 그 시합에서 좋은 성적을 거두기 위해 일반인들에 비해 너무나도 많은 시간의 훈련을 한다. 경기에서의 성적은 훈련량과 비례하기 때문에 휴일도 없이 무리하게 연습하는 경우가 잦다. 게다가 체급경기 선수들은 체중 조절을 통해 영양의 섭취를 제한하기까지 하니 항상 피로감이 쌓여 있고, 부상의 위험에 노출되어 있다.

그렇기 때문에 선수들은 평소의 몸 관리에 그 누구보다도 철저해야 한다. 술과 담배의 절제는 물론이고, 충분한 영양 섭취와 몸에 대한 기초상식 공부를 통해 몸을 건강하게 유지하면서 선수 생활을 할 것을 권장한다. 선수가 좋은 경기력을 발휘하기 위해서는 휴식, 영양, 적절한 운동의 균형이 중요하다.

20년 넘게 운동을 지도하는 일을 하다 보니 운동능력이 우수한 제자들이 엘리트 선수를 하고 싶어 하는 경우가 종종 있다. 아끼는 제자가 힘든 선수 생활을 하고 싶다고 말하면 나는 일단 말리고 본다. 이유는 좋은 성적을 내기 위해 과도한 트레이닝을 하다 보면 몸에 무리가 가기 때문이다. 그래도 꿈이 원대하고 성공 가능성이 충분하다고 생각되면 적극적으로 응원해 주고 가끔씩 통화를 통해 몸에 대한 조언을 해 주고 있다.

　결론부터 말하면 운동선수가 되고 싶다면 몸 관리를 철저히 하는 것이 운동을 열심히 하는 것보다 우선시되어야 한다. 운동 중에 통증이 온다면 휴식과 안정을 통해 몸을 관리해야 한다. 우리가 운동을 열심히 하면 반갑지 않은 손님이 찾아오는데, 바로 피로물질인 젖산과 활성산소이다. 젖산은 몸의 피로감을 느끼게 하고 부상의 위험을 높인다.

　앞서 말한 바와 같이 활성산소는 세포를 산화시키는 나쁜 물질이기 때문에 운동을 하면 젖산을 제거하고 활성산소를 중화시켜야 몸을 보호할 수 있다. 운동을 열심히 했다면 휴식을 통해 몸에 쌓인 피로를 제거하고 블루베리, 적포도, 브로콜리, 검정콩, 견과류, 마늘 등 다양한 항산화 식품을 골고루 섭취하여 활성산소로부터 몸을 보호할 필요가 있다.

　특히 가장 중요한 것이 휴식이다. 운동을 무조건 많이 한다고 해서 몸의 근육이 성장하고 실력이 향상되는 것은 아니다. 우리 몸은 적당히 움직이고 자극을 하면 건강해지고 튼튼해지지만 과한 트레이닝은 오히려 해가 될 수 있다.

　예를 들어 월·수·금은 스텝훈련과 하체를 이용한 트레이닝을 했다면

화·목·토는 유산소운동이나 다른 부위의 근육운동을 하는 것이 좋다. 그리고 적어도 일주일에 한 번은 푹 쉬어서 몸이 회복되도록 해야 한다. 다양한 트레이닝의 원리를 이해하고 원칙을 지키면서 몸을 관리하는 능력은 운동선수에게 필수적인 요소다. 그렇지 않으면 운동중독으로 몸이 만신창이가 된다.

　스포츠 스타 중에는 은퇴할 나이가 훨씬 지났음에도 불구하고 현역으로 활동하는 선수들이 있는데, 철저하게 자기관리를 했기에 가능한 것이다.

운동능력에도
유전이 있다

　'피는 못 속인다.'라는 말이 있다. 이 말을 따져 보면 '유전자는 못 속인다.'라는 표현이 더 정확할 것이다. 운동종목에서 대성하기 위해서는 부모의 유전적 특성을 무시할 수 없다. 예를 들어 부모가 모두 정상 키보다 한참 작은 키인데 농구선수로 대성하고 싶은 마음이 있다면 다시 한 번 잘 생각해 보라고 말하고 싶다.

　예전에 필자의 고등학교 친구가 자신의 아들을 야구선수로 키우기 위해 운동을 본격적으로 시키고 있다는 말을 들은 적이 있다. 그러나 그 친구는 덩치도 작고 힘도 약한 편이었고 그 친구의 부모님 또한 상당히 왜소한 체형이었다. 게다가 그 친구의 부인 또한 체격이 왜소하여 앞으로 선수로서 필요한 체격과 체력 성장의 한계점이 예상되었기 때문에 조심스레 운동을 취미로만 시키라고 권장했던 적이 있다.

운동선수가 되려거든 종목의 선택에 있어서도 자신의 유전적 특성을 파악하고, 미래를 생각해 볼 필요가 있다. 물론 노력을 통해 자신의 약점을 극복하는 선수들도 많이 있지만, 선행연구에 의하면 운동능력의 약 30% 정도는 유전적인 영향을 받는다고 한다.

예전에 유명했던 스포츠 스타의 자녀들이 현역 시절 부모와 같이 각 종목에서 두각을 나타내는 모습을 보면 '피는 못 속인다.'라는 말이 실감된다. 각 종목에서 대성한 선수들은 엄청난 노력의 결과로 큰 꿈을 이루었겠지만, 유전을 무시할 수는 없다.

운동능력을 향상시키기 위한
키포인트

운동능력과 경기력을 향상시키기 위해서는 세 가지 요소가 필요하다.

1) 부상이 없어야 한다

일단 운동을 잘하기 위해서는 건강한 몸이 바탕이 되어야 한다. 기술적인 향상보다 가장 우선시되어야 할 것이 건강한 몸만들기이다.

2) 연습을 통해 기술을 발전시켜야 한다

연습은 두말할 필요가 없다. 나를 이겨 내는 꾸준한 연습만이 운동능력 향상에 가장 직결된다.

3) 자신감이 중요하다

좋은 기량을 가지고도 자신감이 결여되면 제대로 된 실력이 나타나지 않는다. 운동뿐 아니라 일상생활에서도 자신감을 가지고 생활하는 것이 중요하다.

자세 교정은
천천히 해야 한다

운동능력을 향상시키기 위해서 정확한 자세의 습득은 퍼포먼스 향상과 부상 방지를 위해 매우 중요하다. 하지만 한번 몸에 저장된 자세와 습관은 생각보다 쉽게 고쳐지지 않는다.

우리 몸의 신경가소성 때문인데, 잘못된 자세와 습관을 바꾸기 위해서는 최대한 천천히 연습을 해야 한다. 빠르게 연습을 반복하면 몸에 저장된 잘못된 습관 때문에 예전 습관 그대로 연습을 하게 되므로 효과적이지 못하다. 나쁜 자세를 바꾸기 위해서는 이미 뇌와 감각 세포에 강하게 자리 잡은 연결을 다시 재배치해야 한다.

운동 초보자들은 잘못된 자세로 인해 많은 시행착오를 겪는다. 가능하면 전문가의 조언에 따라 처음부터 좋은 운동 자세를 습득하는 것이 좋고, 잘못된 자세를 바꾸기 위해서는 최대한 집중하여 천천히 연습하는 것이 중요하다.

고령자의 운동은
안전이 최우선이다

고령자의 운동 목적은 건강하게 생활하기 위해서이다. 건강을 위해 운동하는데 절대로 다치는 일이 있어서는 안 된다. 특히 낙상사고는 고령자 운동에 있어서 가장 조심해야 할 부분이다. 운동을 하다가 넘어지지 않도록 운도의 강도를 조절하고, 전문가의 조언을 얻는 것도 좋은 방법이다.

정기적으로 운동하기가 어려운 고령 노인이라면 맨손체조를 하거나 집 안에서 활동량을 늘리는 방법도 좋다. 집에서의 작은 신체 활동도 몸을 사용하면 체온이 상승되고 기분이 좋아지는 긍정적인 효과를 거둘 수 있다. 고령자를 위한 추천 운동으로는 공원 산책, 계단 걷기, 맨손체조 등이 있다.

몸의 평형성을 기르는 운동은 나이가 들어감에 따라 더욱 중요하다. 특히 노년층에게는 근력의 감소와 더불어 몸의 균형성이 현저히 떨어지는데, 이는 낙상의 위험을 높인다. 평형성을 기르기 위해 한 발로 서기 동작을 꾸준히 하면 효과가 있다.

성인병의 예방과
건강을 위한 운동 ▪▪▪▪▪▪▪▪▪▪▪▪▪▪▪▪▪▪▪▪▪▪▪▪▪▪▪▪▪▪▪▪▪▪▪▪

　　최근 서구화된 식생활로 인해 비만 인구의 증가는 인체의 대사를 비활성화하고 여러 가지 성인병을 야기한다. 성인병은 성인들이 많이 걸리기 때문에 붙여진 이름이고, 최근에는 '생활습관병'이라고도 불린다. 말 그대로 일상생활에서 잘못된 습관으로 인해 얻게 되는 병이다.

　대표적인 성인병으로는 비만, 고혈압, 당뇨병 등을 들 수 있으며 특히 40대 이후에 발생 빈도가 크게 증가한다. 이러한 성인병은 적절한 운동으로 정상 체중을 유지하고 규칙적인 식습관을 가지는 것만으로도 발생 빈도를 현격하게 줄일 수 있다.

　– 대표적인 7대 생활습관병 –

　① 비만

　② 고혈압

　③ 당뇨병

　④ 고지혈증

　⑤ 동맥경화증

　⑥ 골다공증

　⑦ 요통

　(특히 1~3번은 3대 생활습관병)

앞서 말한 대표적인 성인병들은 서로 밀접한 상관관계가 있다. 예를 들면 비만한 사람은 고혈압에 걸릴 확률이 높고, 고혈압은 혈관에 안 좋은 영향을 주게 되어 동맥경화증을 유발한다. 동맥경화증은 당뇨나 심장질환 등을 유발하게 되는데, 마치 앞에 있는 한 개의 도미노가 넘어가면 뒤에 있는 많은 도미노가 넘어가는 것과 같은 현상을 '메타볼릭 도미노'라고 한다.

이 도미노 현상의 첫 시작은 비만이다. 그러므로 비만을 잘 관리하고, 정상 체중을 유지하는 것이 나이가 들어도 성인병 없이 건강하게 살아갈 수 있는 가장 중요한 방법이다. 아래의 그림을 보면 이해가 쉽다.

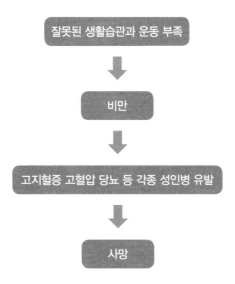

● 메타볼릭 도미노 현상
잘못된 생활습관과 운동 부족은 비만을 비롯한 다양한 질병을 유발하여 결국에 사망에 이를 수 있다. 운동을 통한 바른 생활습관의 형성이 무엇보다 중요하다.

필자는 20대에 헬스장에서 트레이너로 활동했다. 헬스장에서 운동을 하는 한 회원이 있었는데, 우리나라에서 가장 좋은 대학을 나와서 대기업의 연구원으로 재직 중인 사람이었다. 유난히 뚱뚱한 몸집이었지만 운동은 빠지지 않고 열심히 하는 사람이었고, 필자와 농담도 주고받을 정도로 꽤 친하게 지냈던 사람이었다.

그 회원은 항상 운동 중에 왼쪽 가슴을 두드리면서 달렸는데, 하루는 그 행동이 궁금하여 이유를 물어보게 되었다. 자신이 평생을 공부만 열심히 하고 건강을 돌보지 않았더니 30대에 고혈압과 심장질환을 얻었고, 혈액 순환이 잘 되지 않기 때문에 심장을 두드리면서 달리고 있다고 했다. 그리고 건강이 무엇보다 소중하다고 느껴 상대적으로 건강해 보이는 필자가 너무 부럽다고 했다.

일단 성인병이 있는 사람은 전문가와 상의하고 천천히 운동을 시작해야 한다. 나이가 들면 젊은 시절에 비해 여러 가지 대사적 문제가 생길 가능성이 높아진다. 인간은 20대부터 노화가 시작되고, 40대가 되면 본격적으로 노화가 가속화된다. 혈압과 혈당, 그리고 콜레스테롤의 수치가 높아지면서 다양한 성인병을 유발한다.

비만과 혈압의 이상은 운동을 통해서 꼭 관리가 되어야 한다. 혈압을 결정하는 요인에는 혈관의 지름, 혈액의 점성, 혈관의 탄성, 혈액량이 있는데 운동을 통해 정상 혈압을 유지할 수 있다.

자신의 건강을 위해 어떠한 운동을 선택하고 꾸준히 수행할지 모르겠으면 가계의 유전적 특성을 살펴보자. 나의 부모님, 할아버지, 할머니가 어떤 성인병을 가지고 있는지, 또 어떤 병으로 돌아가셨는지, 우리 집안의 유전병은 무엇인지를 파악해 보는 것이 중요하다. 성인병의 원인 중 유전은 생활습관과 더불어 가장 큰 요인이다. 내가 미래에 앓게 될지도 모르는 질환의 종류가 머릿속에 예상된다면 그 질환의 예방에 어울리는 종목을 선택하여 꾸준히 운동하는 것이 중요하다.

건강하려면
유산소운동이 필수

유산소운동의 목적은 심장의 박동수를 증가시켜 심폐기능을 강화시키는 것이다. 운동을 통해 심박수가 증가하면 인체의 각 기관에 혈액이 공급되어 기능의 활성화가 일어난다. 유산소운동은 걷기, 천천히 달리기, 고정식 자전거 타기, 수영 등이 있는데, 자신의 생활 스타일과 취향에 맞는 유산소운동을 선택하여 꾸준하게 운동하는 것이 중요하다.

1) 가장 쉬운 운동 "걷기"

요즘 걷기 운동이 열풍이다. 걷기는 남녀노소에게 가장 완벽한 형태의 유산소운동이다. 무엇보다 몸이 약한 사람에게도 큰 무리가 가지 않아서 누구나 쉽게 할 수 있는 운동이다. 평소에 운동을 하지 않았던 사람이라면 걷기만큼 좋은 운동이 없다.

그렇다고 걷기 운동을 쉽게 봐서는 안 된다. 잘못 걸으면 통증이 발생하고, 운동의 효과가 떨어지기 때문에 제대로 잘 걸어야 한다. 쿠션이 좋은 운동화를 착용해야 하고, 보통 걸음보다 빠르게 1초에 두 걸음 정도로 걷는 것이 좋다. 발걸음은 팔자걸음이나 안짱다리가 되어서는 안 되고, 가슴과 허리를 펴고 걸어야 한다. 걷기는 크게 3단계로 이루어진다. 가장 먼저 뒤꿈치가 닿고, 발바닥이 닿으며, 발끝을 떼는 순서로 걷는다.

걸음걸이를 보면 그 사람의 건강 상태를 살펴볼 수 있다. 정상인이라면 한 번에 수십 킬로미터를 걸어도 무리 없이 걷겠지만, 몸에 질환이 있는 사람은 통증이 발생할 수 있다.

2) 효과 만점 "달리기"

필자가 운동을 본격적으로 시작할 때 1달 정도는 다른 운동 없이 달리기만 했다. 운동을 지도하셨던 선생님께서 무조건 달리기만 시켰던 것이다. 철봉도 하고 싶고, 공도 던지고 싶은데 달리기만 하는 것이 지루하고 힘들었다. 세월이 지난 지금 생각해 보면 달리기를 통해 다른 운동을 할 수 있는 기초체력이 어느 정도 완성된 것 같다. 달리기는 걷기에 비해 같은 시간을 투자했을 때 보다 많은 운동의 효과를 얻을 수 있다.

필자의 경우 몸이 한창 좋았던 고등학생 때였으니 무작정 달리기만 해도 체력에 보탬이 되었지만 일반적으로 달릴 때는 가볍게 뛰어야 한다. 건강에 좋다는 달리기나 줄넘기 예찬론자가 많은 반면 달리기나 줄넘기로 인하여 관절의 건강을 잃은 사람들도 적지 않다. 달리기도 걷기와 마찬가지로 쿠션이 좋은 신발을 착용하고, 의식적으로 관절에 부담이 가지 않도록 신경을 써서 운동하도록 해야 한다.

3) 안전한 운동 "수영"

수영은 좋은 유산소운동이고, 이상적인 재활운동이다. 운동을 오래 한 사람으로서 관절에 가장 좋은 운동을 추천하라면 수영을 추천하고 싶다. 물의 부력을 이용하기 때문에 몸에 큰 부담을 주지 않고, 관절이 약한 노년층에게 적합한 운동이다. 더불어 물의 저항력을 이용한 운동이기 때문에 근골격계의 발달과 심폐지구력 향상에도 큰 도움이 되는 운동이다.

하지만 다른 운동에 비해 상대적으로 안전한 수영도 반복적인 동작이 많은 운동이다 보니 관절의 통증이 발생한다면 주의를 기울여야 한다. 특히 어깨 관절에 부담이 갈 수 있고, 허리통증이 있는 사람에게 접영과 평영은 좋지 않다.

체중 감량을 위해서 하는 수영은 효과가 없다는 이야기가 있다. 그 이유는 물속 운동으로 체온이 낮아지면 몸은 자연스럽게 당분을 원하게 되고 식욕이 증가하게 되는데, 결과적으로 수영을 한 이후 폭식을 하게 되어 체중 감량에 실패하기 때문이다. 하지만 수영 자체가 체중 감량에 도움이 되지 않는 것이 아니다. 수영 이후에 식욕을 억제할 자신이 있고, 바른 식습관을 유지할 자신이 있다면 수영도 체중 감량에 당연히 도움이 되는 운동이다.

4) 즐거운 운동 "자전거"

자전거 타기는 운동의 효과가 뛰어나서 많은 애호가들이 있다. 특히 자전거를 가지고 야외를 달리다 보면 스트레스가 해소되고 활력이 생긴다. 필자도 주말을 이용하여 자전거 타는 취미가 있다. 이곳저곳 자전거를 타고 다니다 보면 동네를 자세히 둘러볼 수도 있고, 기분이 상쾌해지며, 운동 효과도 뛰어나다.

자전거를 탈 때는 페달의 높이 조절과 안장의 관리가 중요하다. 다리를 가장 밑으로 내렸을 때 무릎의 각도가 30도 정도가 되면 이상적이다. 자전거 운동은 주로 하체의 근육을 사용하지만 전신의 근육이 사용되는 전신운동이다. 또한 심폐지구력을 향상시키고, 적절히 사용하면 허리와 무릎의 통증을 완화해 주는 좋은 재활운동이다.

자전거를 오래 타게 되면 엉덩이에 통증을 느끼거나 전립선 부분 압박으로 인하여 질환을 얻을 수 있으니 쿠션이 좋은 안장을 잘 선택하는 것이 좋겠다. 자전거 운동 중간중간 자전거에서 내려 가볍게 맨손체조를 하고, 엉덩이 부분의 혈액 순환을 돕는 것도 건강한 자전거 타기의 좋은 방법이다.

운동 종목별
효과적 운동법

학창 시절 운동 잘하는 친구들이 부러웠던 적이 있는가? 운동능력은 타고난 부분도 있지만 열심히 연습하고 훈련한다면 누구나 운동을 잘할 수 있다. 운동을 잘하고 싶다면 몸을 효과적으로 사용할 수 있는 요령이 있어야 한다. 무엇보다 정확한 폼을 익히는 것이 중요하다.

몸을 잘 사용하기 위해서는 많은 연습이 필요하다. 덩치가 작은 사람이 큰 파워를 내고 부상 없이 꾸준하게 운동하기 위해서는 몸을 효과적으로 사용하는 방법을 터득해야 한다. 또한 운동지도자를 잘 만나야 제대로 잘 배울 수 있다. 운동지도자의 능력은 제자들에게 고스란히 전수되며 지도자가 가지고 있는 철학은 제자들에게 큰 영향력을 미친다.

운동을 잘하기 위해서는 먼저 기초체력을 키우고 해당 종목의 연습을 꾸준하게 해야 한다. 엘리트 선수들은 많은 연습을 통하여 그 종목에 맞는 몸으로 최적화된다. 연습이 필요한 모든 분야에서 '하루를 쉬면 내가 알고, 일주일을 쉬면 지도자나 상대가 알고, 한 달을 쉬면 관중이나 팬들이 안다'는 말이 있는데, 연습의 중요성을 강조하는 말이다.

1) 운동의 기본인 달리기가 빨라지고 싶다면

① 정확한 달리기 자세를 만들어라. 정확한 자세는 효율적인 움직임에 도움을 주어 스피드 향상에 도움이 된다.

② 언덕을 뛰어라. 달리기는 허벅지의 뒷근육(대퇴이두근)이 주로 작용한다. 언덕을 뛰면 허벅지 뒷부분을 강하게 단련할 수 있다.

2) 점프력이 좋아지고 싶다면

① 줄넘기 운동을 꾸준히 하면 점프력이 향상된다.

② 하체의 근력 강화는 점프력 향상에 도움이 된다. 특히 카프레이즈(뒤꿈치 들기 운동)를 통해 발목근육을 강화하면 점프력 향상에 큰 도움이 된다.

③ 상체를 잘 활용하라. 점프력은 하체의 힘이 주로 작용하지만 팔을 힘껏 던져야 높게 점프할 수 있다.

3) 펀치력이 강해지고 싶다면
① 팔굽혀펴기와 주먹 쥐고 팔굽혀펴기를 해라.
② 샌드백 치기와 같은 훈련도 파워 향상에 도움이 된다.

4) 기구를 이용한 운동과 구기운동을 잘하고 싶다면
기구를 비롯한 공을 가지고 하는 모든 운동은 기구와 공을 많이 접해 보는 것이 중요하다. 축구를 잘하고 싶다면 일단 축구공을 많이 차 보는 것이 중요하고, 농구를 잘하고 싶으면 농구공을 많이 가지고 놀다 보면 실력이 향상된다. 종목의 특성상 해당 기구를 신체에 많이 접하다 보면 몸의 고유감각을 향상시켜 해당 종목의 운동능력이 향상된다.

다이어트
똑똑하게 하는 방법

비만의 원인은 다양하지만 가장 큰 원인은 소모하는 에너지보다 섭취하는 에너지의 양이 많기 때문이다. 이외에도 스트레스, 유전 등 다양한 원인이 있지만 일단 먹는 양보다 더 많이 움직이면 체중을 감량하고 적정 체중을 유지할 수 있다. 하지만 말이 쉽지, 꾸준한 운동과 식이

습관 조절은 쉽지 않다.

학창 시절의 숙제는 과제가 주어질 때마다 미리 하면 쉽지만 숙제가 밀리면 해결하기 매우 어려워진다. 우리 몸에 쌓이는 지방도 빨리 빼면 쉽게 빠지지만 지방의 축적이 오래되고 다른 노폐물 등과 결합되면 셀룰라이트 형태로 변화하여 제거하기가 상당히 어려워진다.

셀룰라이트는 지방조직의 비대에 의한 순환장애로 지방 축적 현상이 악화되는 것이다. 주로 복부, 허벅지와 엉덩이 부분에 쌓이고, 울퉁불퉁한 형태의 보기 싫은 모양으로 몸에 생성된다. 만약에 명절과 휴가 때에 과식을 해서 체중이 불어나게 된다면 운동을 통해 최대한 빨리 정상 체중으로 돌아가는 것이 중요하다.

비만하게 되면 대사기능이 저하되어 건강에 악영향을 주고 쉽게 지치게 된다. 그리고 과도한 체중은 관절에 부담을 주어 근골격계 질환을 일으킨다. 특히 고도로 비만한 사람들은 타인에게 게으른 사람으로 비춰질 수 있고 매력적으로 보이지 못하기 때문에 많은 사람들이 비만하지 않고 적정 체중을 유지하며 탄력 있는 몸을 가지기를 희망한다.

필자의 트레이너 시절 한 중년의 부인이 있었는데, 어머님 같기도 하고 성격이 유쾌하신 분이어서 자주 대화를 나누곤 했다. 아주머니께서는 다이어트에 대한 열망이 무척이나 강하셨던 분이었다. 평소 열심히 운동을 하셨던 아주머니였는데, 하루는 즐거운 표정으로 자랑을 하셨다. 얼마 전 구입한 다이어트 약 덕분에 한 달에 체중이 3kg씩 빠져서 3개월 만에 벌써 10kg 정도를 감량했다는 것이었다.

그 말을 들은 나는 그렇게 갑자기 체중을 감량하면 좋지 않다고 경고 했으나 당장에 살이 빠지고 여기저기서 살이 빠져서 좋겠다는 이야기를 들으니 아주머니께서는 기분이 상당히 좋았나 보다. 그 말을 들은 지 얼마 지나지 않아서 아주머니는 다이어트 부작용으로 병원에 입원하게 되었고, 퇴원 후에는 전보다 훨씬 체중이 불어 있었다. 활력 넘치던 예전 모습은 보기 힘들었다.

이렇듯 다이어트를 하는 사람들에게서 자주 볼 수 있는 것이 요요현상이다. 단기간에 무리하게 체중을 빼면 몸의 내분비계에 무리를 주어 건강을 해치고, 단기간에 빠진 체중은 다시 원래 상태로 돌아가려는 성질이 있기 때문에 요요현상이 생긴다. 가장 바람직한 다이어트는 평생 동안 실천이 가능한 방식이어야 한다.

비만한 성인이 체중을 줄이게 되면 비만세포의 크기는 줄어들지만 지방세포의 수는 감소하지 않는다. 단기간에 체중을 빼 주겠다고 동네에서 현수막을 걸고 광고를 하는 모습을 볼 수 있는데, 좀 더 사실적인 표현은 '단기간에 체중을 뺄 수는 있지만 오래도록 유지는 되지 않고 건강상 유익하지 않다'라는 표현이 정확한 표현일 것이다.

다이어트의 방법은 많지만 가장 확실하고 현명한 방법은 덜 먹고 더 움직여서 몸에 무리가 가지 않도록 하는 것이다. 요요현상이 일어나지 않도록 서서히 몸의 변화를 이끌어 내는 것이 중요하다. 다이어트는 절대로 단기간에 마무리 지을 수 없다. 살을 빼고 날씬한 몸이 되고 싶다면 꾸준한 운동과 식습관의 개선이 중요하다는 사실을 명심하자.

다이어트에서 핵심은 오랜 기간 지속되어 살이 찌지 않는 체질로 변화시키는 것이다. 일시적으로 빠진 살은 반드시 다시 불어나게 될 것이며 건강만 잃게 만든다. 요요현상을 자주 겪으면 지방세포가 지방을 저장하려는 성향이 생겨 뱃살을 빼기가 더욱 어려워진다.

적절한 운동과 식이요법만이 가장 확실한 방법임을 기억해야 한다. 식사 시에는 튀김류, 구이류와 같은 지방질을 먼저 먹으면 포만감을 느껴 식사량이 줄어들게 되니 다이어트에 참고하면 좋다.

운동도 환경과
여건이 중요하다

공부를 잘하려면 주변 환경이 중요하듯 운동도 환경이 중요하다. 먼저 운동을 하겠다고 마음을 먹었다면 운동할 수 있는 환경을 조성하자. 만약 수험생의 공부방이 어지럽혀져 있거나 큰 소리가 들리는 곳이라면 공부가 잘될 리 없다. 뛰어난 요리사에게 잘 갖춰진 주방이 없다면 맛있는 요리를 만들기 어려울 것이다.

운동도 마찬가지로 운동이 잘되는 환경을 만드는 것이 중요하다. 운동하기 좋은 환경이란 값비싼 좋은 운동기구를 구비하라는 의미가 아니다. 쉽게 운동할 수 있고, 안전하게 운동할 수 있는 환경을 만들라는 것이다.

집에서 하는 홈트레이닝을 넘어 보다 전문적으로 운동하기 위해 헬스장이나 전문시설에 등록을 하고 싶다면 이용하기 편한 시설이 권장된다. 너무 먼 거리에 등록을 하게 되면 운동을 오래 지속하기 어려울 것이다.

홈트레이닝과
맨몸운동에 도전해 보자

운동은 꼭 헬스장과 같은 전문시설에서 할 필요는 없다. 홈트레이닝을 통해 다양한 체력을 골고루 향상시킬 수 있다. 필자도 예전에 건강을 위해 집 근처 헬스장에 등록을 했지만 바쁜 일상 중에 시간을 내어 꾸준히 지속하기가 쉽지 않았다. 결국 몇 번 가 보지 못하고 돈만 낭비한 경험만 수차례다. 하지만 집에서 하는 홈트레이닝과 맨몸운동만큼은 중학교 시절부터 지금까지 꾸준히 하고 있다. 필자는 중학교 시절부터 집 문틀에 철봉을 달아 놨다. 집에서 있을 때 수시로 스트레칭하고, 매달리고, 당기다 보니 팔과 상체의 근력은 자부할 만한 수준이다. 필자의 나이가 40이 넘었는데도 턱걸이 15회 이상을 하고, 복부 근력을 유지하는 비결은 집에 있는 철봉 덕분이다.

더불어 적당한 무게의 아령을 구비하거나 집 안에 러닝머신, 고정식 자전거를 두고 시간 날 때마다 이용하는 것도 좋은 방법이다. 하지만 자칫 자전거는 이불 말리는 용도가 될 가능성이 높고, 고가의 러닝머신이나 고정식 자전거는 먼지 쌓여 가는 고물이 될 가능성이 높으니 각 가정의 상황에 맞게 선택하자.

집에서 할 수 있는 맨몸운동은 장소의 제한을 받지 않고, 이동시간이 필요 없으며, 비용도 들지 않아서 누구나 쉽게 시작할 수 있다. 맨몸운동은 특별한 도구를 사용하지 않고 자신의 체중만을 이용한 저항운동이라 웨이트 트레이닝에 비해 안전하고, 근력을 비롯해 다양한 체력을 키울 수 있다.

헬스장 등록비용과 오고 가는 시간이 아깝고 꾸준히 나갈 수 없는 상황이라면 집에서 할 수 있는 맨몸운동을 시작해 보자. 단, 맨몸운동은 아주 큰 근육 성장을 기대하기 힘들고, 일정 강도의 근력만을 향상시키기 때문에 금방 한계에 이르는 단점이 있다.

건강을 위한
이상적인 홈트레이닝

건강을 위해 이상적인 운동은 체력의 구성요소를 골고루 발달시켜야 한다. 특히 유연성과 근력을 길러 주고, 심폐기능을 강화시켜 주며, 몸의 균형을 키워 주는 운동이 이상적이라고 할 수 있다. 집에서 하는 홈트레이닝만으로도 건강을 위한 이상적인 운동을 실천할 수 있다.

1) 유연성운동

유연성은 부상 방지와 퍼포먼스 향상을 위해 매우 중요하다. 특히 건강을 위해 유연성을 기르는 것이 필요한데, 미국에서 가장 인기 있는 스포츠시설은 요가원이라고 한다. 몸의 유연성은 건강과 직결되며, 나이가 들어감에 따라 몸이 굳어가므로 꾸준한 유연성운동이 필요하다. 유연성운동은 집에서도 쉽게 할 수 있으며, 요가매트를 구입하면 좀 더 푹신한 바닥에서 스트레칭을 할 수 있다. 유연성운동은 관절의 가동 범위를 넓혀 주는 것과 더불어 근력 향상과 골밀도 향상에도 도움이 된다.

2) 근력운동

근육과 뼈의 골밀도를 높여 준다. 근육의 양이 증가하게 되면 신진대사가 활발해져 체지방을 쉽게 조절할 수 있다. 아래에 소개한 근력운동은 집에서 쉽게 할 수 있는 근력운동이다.

① "팔굽혀펴기" 제대로 하면 나도 몸짱

많은 남성들이 우람한 팔 근육과 가슴 근육을 가지고 싶어 한다. 특히 하체보다는 상체운동에 집중하는 경향이 강하다. 팔굽혀펴기는 이상적인 상체근육 강화운동이다. 주로 상체의 근력을 키우고, 방법에 따라 다양한 체력을 향상시킬 수 있다. 팔굽혀펴기의 방법은 수십 가지가 넘는데, 손의 위치, 넓이 등 방법에 따라 다양한 운동효과가 있는 좋은 운동이다.

● 팔굽혀펴기

몸이 곧게 펴지도록 하며, 가슴근육의 수축에 집중한다. 숙련자들은 바닥에 턱이나 이마를 댄 후 밀어내는 연습을 해 보자.

② 근육량 늘리는 지름길 "스쿼트"와 "런지"

하체의 근육은 상체보다 많아 하체의 근육이 증가하면 기초대사량을 효과적으로 늘릴 수 있다. 스쿼트와 런지는 하체근육을 키우는 데 효과적이다.

● 스쿼트
내려갔을 때 무릎이 발끝보다 앞으로 나가지 않도록 한다.

● 런지
런지는 스쿼트에 비해 중심잡기가 어렵다. 수행 시 몸이 좌우로 흔들리지 않도록 한다.

③ 안전한 복근운동 "플랭크"

다양한 복부근육 단련운동이 있지만 플랭크는 가장 안전한 형태의 복부근육 운동이다. 복부의 근력은 척추의 균형을 잡아 주어 허리 건강에 도움이 된다. 복부의 근육이 약하면 체형이 변화하고, 허리에 통증이 발생되어 삶의 질이 떨어지게 된다.

● 플랭크 자세
뒤통수부터 뒤꿈치까지 일직선이 되도록 한다.

④ 매력적인 복근운동 "크런치"

최근 들어 윗몸일으키기 동작이 허리 건강에 악영향을 준다는 연구가 발표되고 있지만, 그에 반하여 통증이 없는 범위에서 한다면 문제가 없다는 반론도 있다. 여전히 윗몸일으키기는 매력적이고 효과적인 복근 강화 운동이다. 운동과학을 전공한 필자의 견해를 말하자면, 깍지를 껴서 경추를 지나치게 당기거나 딱딱한 바닥에서 몸을 비틀면서 윗몸일으키기를 하는 것은 상식적으로도 몸에 좋지 않다. 반면 크런치는 윗몸일으키기와 다르게 허리 부분을 바닥에서 떼지 않기 때문에 경추와 허리에 부담이 적으며 복근 강화에 효과적인 운동이다. 크런치 운동은 쿠션이 좋은 바닥에서 운동능력에 따라 가동 범위를 조절하여 하면 더욱 좋다.

● 크런치
복부를 수축할 때 시선은 무릎을 향하도록 한다.

⑤ 홈트레이닝의 꽃 "철봉운동"

체육용품 판매점이나 인터넷을 통해 철봉을 구입하여 집에 걸어 두고 꾸준히 운동한다면 상체근력 강화에 큰 도움이 된다. 철봉운동을 통해 팔 근육과 등 근육, 복근까지 다양한 상체 근육을 강화시킬 수 있다. 철봉을 잡는 손의 위치와 방향에 따라 운동효과가 다양하게 나타난다. 철봉에 단순히 매달리는 것만으로도 허리 통증을 감소시키고 몸을 교정하는 효과가 있는 좋은 운동이다.

● 철봉운동
철봉을 당길 때 숨을 내쉰다.

3) 심폐지구력 운동

집에서 심폐지구력을 키우기란 쉽지 않다. 집에 고정식 자전거, 러닝머신이 있다면 좋겠지만 상황이 여의치 않다면 집 근처 계단을 이용하여 운동하면 심폐지구력 향상에 좋다. 제자리 걷기와 제자리 달리기를 하는 것도 방법인데, 바닥에서 소리 안 나게 걷고 뛰는 요령을 터득해야 한다.

4) 평형성 운동

평형감각은 나이가 들수록 떨어지기 때문에 꾸준한 운동을 통해 유지해야 한다. 특히 고령자가 평형감각이 떨어지게 되면 낙상으로 인한 부상의 위험이 매우 증가한다. 고령자가 낙상으로 부상을 당하면 회복 기간 동안 신체 움직임의 감소로 인해 내장기능을 비롯한 다른 부위에 이상이 올 확률이 높아진다.

한 발로 서기 운동이나 낮은 높이의 발차기 운동은 평형성을 길러 주고 다리 근력 향상에 좋은 운동이다. 발차기를 할 때는 높이 차지 않도록 주의하고, 관절의 가동 범위 내에서 연습해야 한다.

계절에 맞는
운동을 하자

우리나라의 봄과 가을은 운동하기에 더없이 좋은 계절이다. 하지만 너무 더운 여름과 추운 겨울에는 운동을 주의해야 한다. 무더운 날씨에는 몸이 쉽게 지치고, 겨울에는 대사기능이 원활하지 못한 상태이기 때문이다. 여름과 겨울에도 쉬지 않고 운동을 통해 건강한 생활을 하려는 마음은 칭찬할 만하지만 날씨를 고려하지 않고 운동을 하게 되면 몸에 이상이 생길 수 있으니 주의하도록 하자. 특히 체온 조절 기능이 떨어지는 중장년층이나 만성질환을 앓는 고령층은 날씨를 고려하여 운동을 해야 한다.

1) 여름 운동

여름철 운동으로 인해 땀을 많이 흘리게 되면 탈수 및 탈진 현상이 심해지고, 특히 성인병을 가지고 있는 사람에게는 더욱 위험할 수 있으니 각별히 주의하도록 해야 한다. 더불어 여름에는 열사병과 같은 질병에 걸리기도 쉽다. 여름에는 가만히 있어도 땀이 흐르기 때문에 수분을 수시로 섭취하면서 운동하는 게 좋다.

일단 운동을 해서는 안 되는 경우는 몸이 먼저 신호를 보낸다. 심부체온(신체 내부 기관의 온도)이 40도를 넘어가면 뇌가 운동피질의 활동을 멈춘다. 그러면 쥐가 나고 경련을 일으키거나 쓰러지고, 심하면 사망에 이른다. 만약 운동 중에 이런 일이 발생했다면 머리 부분에 얼음찜질을 하는 것이 효과적이다. 근육 경련의 근본 원인은 아직까지 명확하지는 않으나 더운 날씨, 부족한 영양 등이 원인이 된다. 근육이 경련을 일으키면 스트레칭과 마사지를 처치하고, 스포츠음료 등을 섭취하면 도움이 된다.

무더운 날씨에는 실외 운동보다는 수영과 같은 실내 운동이 권장된다. 특히 혹서기 오후 12시~2시는 강렬한 햇빛이 내리쬐는 시간이므로 선선한 아침이나 저녁 시간대에 운동하도록 하자.

여름 운동으로 추천되는 수영은 더위를 식혀 줄 뿐만 아니라 심폐기능을 향상시켜 주는 효과적인 유산소운동이며, 특히 관절에 부담이 없어 근골격계 질환을 가진 사람들에게 탁월한 효과를 보인다. 더불어 수영 운동의 특성상 샤워시설이 갖춰져 있기 때문에 땀이 많이 나는 계절인 여름에 안성맞춤이다.

여름철 야외 활동이나 운동 시에는 선글라스를 착용하여 눈을 보호하고, 모자를 착용해 햇빛이 인체에 직접 닿는 것을 피하도록 하자. 자외선 차단제를 사용하는 것도 좋은 방법이다.

2) 겨울 운동

스키와 스노보드는 대표적인 겨울 스포츠이다. 신나는 겨울 스포츠를 안전하게 즐기기 위해서는 준비운동을 철저히 해서 근육을 부드럽게 만들고, 안전하게 넘어지는 연습을 하는 것이 중요하다. 종목의 특성상 자주 넘어지는 경우가 생기는데, 넘어지는 요령이 없다면 크게 다칠 수 있으니 주의해야 한다.

우리 몸은 일정한 체온을 유지하기 위해 체내에서 열을 만든다. 추운 겨울에 야외 활동을 하면 이런 활동이 더 활발해져 몸 안의 에너지 소모량이 증가한다. 몸이 찬 공기에 노출되면 몸을 떨게 되는 쉬버링(shivering) 증상이 나타나는데, 이 효과로 인해 몸의 대사가 활발해져서 살이 빠지는 효과가 있는 것이다. 호주 시드니 대학교 연구팀에 의한 연구 결과를 보면 추운 기온에서 10분~15분 몸을 떠는 것은 1시간 정도 운동을 하는 것과 비슷한 효과를 나타낸다고 한다.

하지만 겨울은 날씨 덕분에 살을 빼기가 더 좋은 상황인데도 불구하고 야외 활동이 적어져서 살이 찌기 쉽고, 몸을 잘 움직이지 않아서 근육이 뭉쳐 있을 경우가 많다. 이때 준비운동을 하지 않고 운동했다가는 자칫 부상을 당하기 쉬우니 준비운동에 각별히 신경을 써야 한다. 또한 고령자는 추운 날씨로 인해 혈압이 상승하거나 심장에 무리가 갈 수 있으니 옷차림에 신경을 쓰고, 급격한 체온의 변화에 유의해야 한다.

기온이 높은 여름철에는 선선한 오전과 오후에 운동하는 것이 좋고, 겨울에는 기온이 상대적으로 오르는 낮 시간에 운동하는 것이 몸에 무리가 가지 않게 운동하는 방법이다.

여자는 근육운동, 남자는 유연성·유산소운동이 좋다

일반적으로 남자들은 근육을 키우는 헬스장에서 많이 운동하고, 여자들은 에어로빅이나 요가원에서 운동을 많이 한다. 남자들은 근육운동에 집중하여 남성다움을 키우려 하지만 건강상으로는 유연성의 향상과 심폐지구력 향상이 더욱 중요하다.

통계적으로 남자는 여자보다 성인병에 걸릴 확률이 높고, 평균 수명이 상대적으로 짧다. 또 여자에 비해 유연성도 떨어진다. 건강을 위해서는 몸이 유연해야 하며, 성인병에 걸리지 않도록 신경을 써야 한다. 성인병을 예방하는 운동은 근육운동보다 유산소운동이 더욱 효과적이다.

물론 유산소운동과 무산소운동이 복합적으로 이루어진다면 더욱 좋겠지만 굳이 성인병에 더 좋은 운동을 추천하라면 유산소운동이 중요하다. 그러므로 남자는 근육운동보다는 유연성 향상과 심폐지구력 향상을 위한 유산소운동에 집중하는 것이 건강에 도움이 된다.

반면 여자는 남자에 비해 근육의 양이 적고, 나이가 들어가면서 골다공증의 위험도 남자에 비해 높다. 이 때문에 근육운동은 남성보다 여성이 더 많이 해야 한다. 같은 양의 음식을 먹어도 남성보다 여성이 쉽게 살이 찌는데, 근육의 양이 남성에 비해 적은 것이 큰 이유이다. 여성이 근육운동을 하면 비만과 골다공증의 예방에 도움이 되고, 골다공증이 급속히 진행되는 폐경기 이후의 여성에게는 근육운동이 꼭 필요하다.

04

몸에 익히면 좋은
똑똑한 운동습관

앞서 말한 바와 같이 운동을 하는 이유에는 여러 가지가 있다. 일반인들이 운동을 하는 가장 큰 이유는 바로 건강하게 살기 위함이다. 현대사회를 살아감에 있어서 건강은 가장 좋은 경쟁력이 된다. 건강이 좋지 않으면 사회적으로 성공할 확률이 현격하게 줄어든다. 따라서 성공한 리더가 되기 위해서는 운동하는 좋은 습관을 통한 건강관리가 필수이다.

미국의 한 회사에서는 임원이 비만하게 되면 승진에 제한을 두거나 사표를 내게 한다고 한다. 비만은 식욕과의 싸움에서 패배한 사람이고 자기 몸도 컨트롤하지 못한 사람으로 인식되기 때문이다. 배는 인격이라고 표현하던 시대는 이제 지났고, 자기관리능력이 곧 사회생활의 경쟁력인 시대가 되었다.

어린 시절의 운동습관은
평생의 건강을 좌우한다 ‖‖‖‖‖‖‖‖‖‖‖‖‖‖‖‖‖‖‖‖‖

세 살 버릇이 여든 간다는 말이 있듯이 좋은 습관 하나는 일생을 살면서 어마어마한 경제적 가치를 가진다. 어린 시절에 만들어 놓은 좋은 습관 하나가 인생의 삶의 질 향상에 큰 영향을 미치는 것이다. 이 책을 읽고 있는 독자들에게 물어본다. "어떤 습관을 가지고 현재까지 살고 있는가?"

습관에는 여러 가지가 있다. 좋은 습관으로는 편식하지 않는 습관, 시간을 잘 지키는 습관, 양치를 잘하는 습관 등이 있을 것이고, 나쁜 습관으로는 거짓말을 하는 습관, 욕을 하는 습관, 과로하는 습관 등이 있을 것이다. 인생을 성공적으로 살기 위해서는 어린 시절에 좋은 습관을 가능하면 많이 만드는 것이 좋고, 그중에서 운동습관을 형성하는 것이 중요하다.

어린 시절의 운동습관은 부모의 영향을 받거나 학교에서 익힌 체육교육, 그리고 스포츠 활동에서 비롯된다. 세상에 건강보다 소중한 것은 없는데, 운동으로 만들어진 체력은 인생을 더욱 활기차게 살아갈 수 있도록 만들어 줄 것이다.

운동이 건강에 도움이 된다는 사실은 이미 너무나도 잘 알려져 있다. 심지어는 산모가 임신 중에 운동을 꾸준히 하면 출생 시 아기가 더 좋은 심장을 가지고 태어난다는 연구 결과도 있다. 어린 시절 운동습관은 평생의 건강을 좌우할 것이고 100세 시대의 성공 여부는 운동을 통한 체력

관리에 달렸다고 해도 과언이 아니다.

습관에도
관성의 법칙이 있다 ||||||||||||||||||||||||||||||||||||||||||||

건강을 위해 운동과 식습관이 중요하다는 사실은 누구나 알고 있다. 그러나 꾸준히 규칙적으로 운동하고, 바른 식습관을 실천하기는 쉽지 않다. 하지만 모든 건 마음먹기에 달려 있다. 습관은 처음 만들기가 어렵지 한번 자리 잡은 나의 습관은 쉽게 바뀌지 않는다. 그래서 가능하면 좋은 습관을 많이 만들어야 나의 생활과 건강이 윤택해진다.

많은 사람들이 거친 음식보다 기름진 음식을 좋아한다. 하지만 기름진 음식의 맛은 학습된 맛이기 때문에 식습관을 바꾸기 위해 노력한다면 충분히 바꿀 수 있다. 아침에 일어나는 것도 며칠 일찍 일어나다 보면 점점 일어나기가 수월해진다.

습관마다 다르겠지만 어떤 습관을 형성하거나 바꾸는 데에는 약 두 달이면 충분하다고 한다. 이를 위해서는 무언가를 이루고 말겠다는 강한 의지력이 뒷받침되어야 할 것이고 무엇보다 무리한 계획을 세우는 것은 금물이다.

필자는 20대 중반까지 젓가락질을 바르게 하지 못했다. 음식을 먹을 때 젓가락질이 꼬이다 보니 주위의 사람으로부터 지적을 받고는 했다. 바꾸려고 노력했지만 쉽게 바뀌지 않는 습관이었기 때문에 조금 노력하다가 말기 일쑤였다. 20대 중반의 나이에 중요한 자리에서 젓가락질을 지적받았는데 많이 창피했던 기억이 있다.

그 이후 제대로 마음을 먹고 불편을 감수하며 젓가락질을 바르게 바꾸기 위해 한 달 정도를 열심히 교정했다. 10분이면 먹을 수 있는 식사 시간이 두 배로 걸리고 많이 불편했지만 일주일이 지나고, 한 달이 지나니 차츰 몸에 익숙해지는 것이 느껴졌다. 비로소 한 달이 넘으니 서서히 큰 불편함 없이 젓가락질이 바르게 되었고 지금 현재는 바른 젓가락질을 하고 있다.

이렇듯 습관을 바꾸기 위해서는 동기가 부여되어야 하고, 강력한 의지가 뒷받침해야 한다. 무엇보다 좋은 습관을 만들기 위해서는 우리가 생활하는 일상에 끼워 넣는 방법이 효과적이다. 운동하는 좋은 습관도 우리의 일상에 충분히 끼워 넣을 수 있다. 아침 기상과 동시에 할 수 있는 간단한 맨손체조, 또한 일상생활 중에 틈틈이 운동을 할 수 있는 환경을 만들면 장기적으로 건강에 긍정적인 효과를 줄 것이다.

필자가 연구팀원으로 있었던 K대학의 연구 결과에 따르면 자가용 대신 대중교통을 이용하는 것만으로도 신체적으로 상당히 긍정적인 효과가 나타났다. 더불어 엘리베이터보다는 계단을 이용하고 주차를 조금 먼 곳에 하며 집안일을 적극적으로 하는 것도 건강을 위한 좋은 습관이 될 것이다. 자신의 움직이는 습관을 만들기 위해 주위 환경을 잘 활용하여 보자. 바쁜 현대인들에게 큰 도움이 될 것이다.

학창 시절 배운 관성의 법칙을 알 것이다. 관성이란 외부의 다른 힘이 작용하지 않는 한 운동력을 유지하려는 성질을 말하는데, 습관에도 관성의 법칙이 있다. 운동하는 습관을 만든 사람은 계속 운동하게 되고, 몸을 안 움직이는 습관을 가진 사람은 계속해서 움직이지 않으려고 한다. 이런 습관은 나이가 들어감에 따라 건강의 차이를 가져올 것이고, 몸을 적절히 움직이고 운동하는 습관을 가진 사람은 그렇지 않은 사람에 비해 훨씬 건강하고 활력 넘치게 인생을 살아갈 것이다.

몸은 길들여지기 때문에 운동하는 습관은 처음에 만들기가 어렵지 형성해 놓으면 몸이 기억한다. 운동을 꾸준히 하는 사람이라면 하루라도 운동을 쉬면 몸이 근질근질한 느낌을 받았을 것이다. 건강을 위해 몸이 운동하는 습관을 기억하도록 노력해 보자.

가족을 위해
좋은 운동습관을 만들어 보자

내가 현재 가지고 있는 습관은 상당 부분 내 자식에게 이어진다. 우리 몸에는 '거울신경세포'라는 것이 있는데, 쉽게 말해 눈으로 본 것을 따라 하게 만드는 뇌 속의 세포이다. 특히 어릴수록 보고 따라 하려는 성향이 강하기 때문에 어떤 환경에서 생활하느냐가 사람의 습관과 생활패턴을 형성하는 데에 큰 영향을 미친다.

아버지가 담배를 피운다면 자식도 담배를 피울 가능성이 크고, 식습관이 나쁘면 가족들도 식습관을 닮아 간다. 따라서 사랑하는 자식들에게 좋은 습관을 물려주기 위해서라도 나부터 좋은 습관을 만들 필요가 있다.

활력 넘치는 건강한 삶을 위해 운동하는 습관은 매우 중요하다. 꾸준히 자기 관리하고 운동하는 좋은 습관을 보여 준다면 자식들도 좋은 습관을 그대로 물려받을 것이다. 가족과 함께 가까운 공원으로 가서 함께 운동을 해 보자. 가족의 건강과 행복이 함께할 것이다.

할아버지께서 남겨 주신 좋은 선물, 건강 루틴 만들기

필자의 외할아버지께서는 평생 활력이 넘치셨고 90세가 넘도록 건강하게 장수하셨다. 건강프로그램에 출연하여 장수의 비결을 인터뷰하기도 했으며 자신이 건강하게 살고 있다는 자부심이 강하셨다. 할아버지의 장수 비결에는 여러 가지가 있지만, 그중에서 필자가 가장 인상 깊게 본 모습은 바로 운동이었다.

여기에서 말하는 운동은 격렬한 운동이 아닌 몸을 움직이는 습관과 아침에 10분 정도 하셨던 맨손체조이다. 할아버지께서는 아침에 일어나자마자 물을 한 컵 마시고, 평생을 어김없이 맨손체조로 시작하셨다. 그 모습을 오랜 기간 옆에서 본 필자의 경우 아침에 일어나면 수면 중 굳어 있던 몸과 정신을 깨우기 위해 자연스레 운동하는 습관을 가지게 되었고, 지금도 아침 맨손체조를 빼먹지 않고 있다.

아침의 운동은 격렬해서는 안 된다. 천천히 손끝과 발끝부터 움직여서 수면 동안 굳어 있던 관절과 근육을 풀고, 하루를 활기차게 생활할 수 있는 에너지를 만드는 시간으로 생각하면 적절하겠다.

루틴이란? 자신의 컨디션을 최상으로 끌어올리고, 최고의 퍼포먼스를 펼치기 위한 자기만의 독특한 행동의 패턴을 말한다. 미국 메이저리그의 유명한 강타자는 독특한 루틴이 있다. 경기에 앞서 항상 같은 음식을 먹고, 몸을 풀고, 체온을 높이는 준비운동의 일련 과정이 항상 똑같다. 이러한 루틴을 가지고 자기 관리를 꾸준히 해온 결과 야구선수로서는 많은 나이인 40이 넘도록 꾸준히 현역 생활을 하고 있으며, 여러 선수들에게 모범이 되는 모습을 보이고 있다.

건강을 위해 자신만의 독특한 루틴을 만들어 꾸준히 실행해 보자. 아침에 일어나서 5~10분 몸을 움직이는 것도 힘들다면 아예 이불 위에서 아침운동을 하는 것도 좋다. 이불 위에서 기지개를 몇 번 뻗는 것만으로도 혈액이 순환되며 활력이 생길 것이다.

밸런스의 중요성, 바른 자세로 운동하자

운동을 할 때에는 국소적인 부위의 사용이 아닌 전신의 효율적인 움직임이 필요하다. 우리 몸은 유기적으로 연결되어 있기 때문에 한 부분만 운동을 하게 되면 불균형이 찾아오게 마련이다.

헬스장에 가면 많은 여성들이 트레이너에게 묻는다. "팔뚝 살을 빼고 싶어요.", "하체를 가늘게 만들고 싶어요." 또한 남자의 경우 상체 운동만 하는 경우를 자주 보게 된다. 부분적인 근육만 운동하게 되면 몸의 불균형이 찾아온다. 불균형은 몸 어딘가에 통증을 가져오게 되고, 이는 곧 부상으로 이어진다.

근골격계 통증의 원인은 크게 두 가지이다. 부상을 당했거나, 지속적으로 잘못된 자세를 가졌거나. 부상을 당한 경우에는 치료하고 재활하면 되는데, 지속적으로 잘못된 자세를 가지고 오랜 시간이 지나 통증이 온 경우에는 통증의 근본적인 원인을 제거하는 것이 중요하다.

예를 들어 소파에 삐뚤어진 자세로 앉는 습관을 가졌거나 구부정한 자세로 일을 하는 습관을 가진 사람은 언젠가는 허리와 목의 통증이 찾아온다. 또한 잘못된 자세로 지속적으로 운동을 한 사람에게도 통증이 찾아올 것이다. 특히 편측운동을 하는 선수들에게는 통증이 잦은 편이다.

오른손잡이는 오른쪽 운동을 많이 하고 왼손잡이는 왼쪽 운동을 많이 하는데, 의식적으로 반대쪽 근육을 사용하는 습관을 들이는 것이 좋다. 특히 야구와 골프 등 한쪽 근육을 주로 사용하는 편측 운동을 하는 종목에서는 운동 후 교정운동에 신경 쓰고 의식적으로 반대 동작을 해 주면 몸이 삐뚤어지는 현상을 예방할 수 있다.

예를 들어 태권도 회전발차기의 경우, 오른손잡이는 오른발로 하는 회전발차기가 쉽고 잘할 수 있기 때문에 오른발만 연습을 하는 경향이 짙다. 하지만 반대쪽 발을 사용하여 발차기도 훈련을 해 준다면 몸의 정렬에 도움이 된다.

근육의 밸런스를 지키려면 몸의 가장 중심이 되는 코어근육을 강화해야 한다. 더불어 좌우 균형운동을 하고 평소 자세 교정에 신경을 써야 한다. 자세를 바르게 하는 것은 운동을 안전하게 오래 지속할 수 있는 가장 중요한 요소이다. 자세가 무너지면 몸의 불균형이 심해지고 결국에는 통증이 발생한다. 통증을 없애려면 통증의 원인이 되는 자세를 교정하여 주는 것이 큰 도움이 된다. 자세는 습관이고 바른 자세가 몸짱을 만들어 준다는 점을 잊지 말자.

아래의 사진과 같이 손가락을 구부려 시간을 재어 보자. 처음에는 큰 통증이 없고 시원한 느낌이 들 수도 있다. 하지만 1분이 넘고 5분이 넘어간다면 통증이 발생하고 불편함을 느끼게 된다. 우리가 일상생활에서 자세를 바르게 하고 운동 시에 자세를 강조하는 이유는 이 사진 한 장으로 충분히 설명될 수 있다.

허리의 디스크가 튀어나와 통증이 있다면 허리의 디스크를 수술로 없애는 것보다 근본 원인인 자세를 바르게 하는 것이 훨씬 더 효과적일 것이다. 운동 시 자세와 더불어 평소 생활에서도 자세가 중요하다. 이상적인 서기 자세는 군인들이 신병훈련소에서 배우는 차렷 자세와 같이 서는 것이다. 운동 시 좋은 자세는 강한 중심근육을 만들어 주고, 몸의 밸런스를 강화시키는 데 도움이 될 것이다.

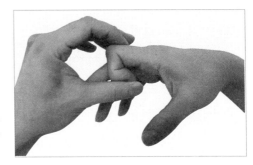

● 손가락

자세의 불균형을 가지고 생활하는 것은 손가락을 지속적으로 꺾고 있는 것과 같다. 처음에는 불편함을 못 느끼지만 시간이 지날수록 통증이 발생한다.

바른 운동

교정운동의
원리 ||||||||||||||||||||||||||||||||||||||||||||||||||

　근육을 바꾸기 위해서는 일정한 기간이 필요하며, 근육을 조절하는 신경을 자극해야 몸이 변화한다. 뇌와 근육은 서로 연결되어 지속적으로 상태를 확인하고 변화시키기 때문이다.

　정확한 자세의 운동은 통증을 없애며 우리 삶에 활력을 준다. 그렇기에 운동은 바른 자세로 해야 효과를 크게 얻을 수 있다. 일상생활에서 자세가 무너지면 척추뼈에 부담을 주어 건강을 잃게 된다. 척추뼈가 삐뚤어지면 뇌로부터 내려오는 척수신경을 압박하게 되고, 신경이 압박되면 인체에 다양한 질환을 일으킨다.

　더불어 골반에 문제가 있거나 오다리 형태의 다리 모양을 가졌다면 살면서 언젠가는 통증이 나타날 가능성이 높다. 다리의 형태가 오다리인 사람이라면 나이가 들어가면서 근력이 약해져 무릎의 통증이 생길 수 있고, 이는 관절염으로 진행될 가능성이 높다.

　운동을 잘못하면 허리가 휘거나 오다리가 악화될 수 있다. 운동을 할때 조금만 더 자세에 집중하고, 열심히 운동을 한 후 자세 교정 체조에 조금만 시간을 투자하자. 성인에 비해 성장기의 어린이는 오다리 교정이 상대적으로 수월한데, 다리를 모으고 안쪽으로 붙이는 운동을 습관처럼 하면 도움이 된다. 허리가 바르게 펴지도록 평소에 가슴과 허리를 펴는 습관을 가지고, 고양이 자세 만들기 운동을 수시로 하면 바른 자세 만들기에 도움이 된다.

또한 운동지도자가 억압적인 분위기를 조성하면 운동을 하는 중에 몸이 경직되고 위축된다. 좋은 자세를 만들기 위해서는 운동에 집중할 수 있는 분위기를 만들어야 하며, 좋은 자세는 자신감 향상에 큰 도움이 된다. 평소 바른 자세를 가지는 것이 중요하며, 운동을 할 때는 정확한 자세를 가지도록 신경을 써야 한다. 특히 열심히 운동 후 교정운동에 2~3분만 투자하면 바른 몸을 만드는 데 큰 도움이 된다.

●교정운동의 예시 **고양이 자세**
고양이 자세는 신체교정과 허리통증 개선에 효과적이다.

하체의 근육을
키우자 |||||||||||||||||||||||||||||||||||||||||||||||||||||||●

운동선수들의 하체를 가까이서 보면 생각보다 훨씬 근육이 발달되어 있음을 알 수 있다. 특히 순발력을 요구하는 종목의 선수일수록 하체가 많이 발달했다. 평소 눈에 잘 보이는 상체에 비해 잘 보이지 않는 하체의 근육을 일반인들이 보게 되면 많이 놀랄 것이다.

선수들은 평소 달리기와 스쿼트 같은 운동을 많이 하기 때문인데, 하체에 있는 엉덩이와 대퇴부의 근육은 에너지를 많이 소모한다. 하체의 근육이 튼튼하고 양이 많을수록 대사적으로 건강할 수 있다. 하체의 근육은 각종 성인병의 위험률을 낮춰 줄 뿐 아니라 자세의 안정성에도 크게 기여한다.

허벅지는 근육 중에서 당분을 가장 많이 저장하고 소비시키는 역할을 한다. 이 부위가 발달해야 같은 양의 영양소를 섭취하더라도 더 오랫동안 힘을 낼 수 있는 것이다. 연구에 의하면 허벅지 근육 둘레 1㎝가 줄면 당뇨병 위험이 약 9% 증가한다고 한다(Y대학의 연구팀이 3년간 32만 명을 대상으로 연구한 결과 허벅지 둘레가 1㎝ 줄어들 때마다 남자는 당뇨병 위험이 8.3% 여자는 9.6% 증가한다고 한다). 허벅지 둘레가 얇아질수록 당뇨병의 위험도가 높아지는 것이다.

근육은 사용하지 않으면 작아지고 약해진다. 병원에 오랜 기간 입원한 환자들의 경우, 누워서 생활하여 하체근육의 사용이 감소하기 때문에 하체의 근육이 급격히 줄어드는 모습을 볼 수 있다. 병상에 누워 다리 운동을 못하다 보니 다리 근육이 약화되어 그런 것이다. 기초공사가 잘된 건축물은 높게 올라가도 튼튼하지만 기초가 부실하다면 사상누각처럼 불안할 것이다. 허벅지는 신체 근육량의 30%가량을 차지하고 있고, 많은 양의 근육이 있는 만큼 하는 역할도 다양하다.

근육은 우리 몸에서 에너지를 태우고, 근육이 많은 사람들은 기초대사량도 높다. 허벅지 근육은 우리 몸에서 쓰고 남은 잉여 열량을 태우고 노폐물을 제거하는 소각장의 역할을 한다. 살을 빼고 멋진 몸을 만들고 싶다면 하체운동에 집중해야 한다.

또한 하체 운동을 하면서 근육이 이완과 수축을 반복하는 과정을 통해서 혈액 순환이 활발해지고 혈관이 튼튼해져서 심혈관계 질환을 예방할 수 있다. 덴마크 코펜하겐대학 병원 연구팀의 연구 결과, 허벅지 둘레가 굵은 사람은 가는 사람보다 심장병 발병 위험률과 사망률이 낮다고 한다.

또한 허벅지의 두께가 남성호르몬의 분비량과 비례한다는 연구 결과도 있다. 하체 근육이 발달하면 주변에 모세혈관이 많이 생겨 혈액 순환이 잘되고, 혈액이 고환과 부신에 전달돼 남성호르몬인 테스토스테론이 잘 분비된다는 것이다.

하체는 제2의 심장으로 불린다. 심장에서 뿜어져 나온 혈액을 발끝에서 다시 심장으로 밀어 올리는 역할을 하체의 근육이 담당하는데, 하체 근력이 약하면 혈액 순환이 원활하지 못하게 된다. 하체에 근육이 없으면 하체에 몰려 있어야 할 혈액이 상체로 몰려 고혈압, 뇌졸중의 위험도가 높아진다.

허벅지 근육은 허리 통증이나 무릎 통증이 있는 사람에게도 중요하다. 허벅지의 근육이 약해지면 무릎의 안정성이 떨어지고 허리근육에 무리를 주어 부상을 입기 쉽다. 운동선수의 경우 하체가 약하면 상체의 근육에 의존하게 되고 부상의 위험도가 높아진다.

허리 통증이 있는 사람에게도 하체의 근육이 견고하면 허리근육의 부담이 줄어들기 때문에 허리 통증의 예방을 위해서도 하체근육의 발달은 매우 중요하다. 허벅지 근육이 강해지면 허리와 무릎의 부담을 줄여서 통증을 예방하는 데 큰 도움이 된다. 건강한 무릎과 허리를 위해 하체의 근육 운동을 하자.

엉덩이 근육이
중요한 이유

요즘 '애플힙'이라는 신조어가 생겼다. 처진 엉덩이가 아닌 애플힙은 외적인 매력을 주는 것도 있지만 건강한 몸을 위해서도 무척 중요하다. 엉덩이 근육은 상체와 하체를 연결해 주는 중요한 역할을 하며 신체의 좌우 균형을 잡는 데 중요한 역할을 한다.

엉덩이 근육이 약해지면 척추에 부담을 주게 되고 다리 모양이 O자 형태로 변형될 수 있다. 앞서 말한 허벅지와 같이 엉덩이의 근육량이 늘수록 혈당이 낮아지게 되니 혈당 조절에도 큰 도움을 받을 수 있다. 또 신진대사율이 높아지면서 칼로리 소비가 늘게 되어 체중 조절과 만성질환

예방에도 효과적이다.

이와 같이 중요한 하체운동을 쉽게 실천해 보자. 노인층에게도 부담이 없는 걷기나 등산과 같은 운동도 있고 스쿼트, 런지 등과 같은 운동도 추천이 되니 꾸준히 하체운동을 해 보자(p.116 참고).

운동해서는 안 될 때가 있다,
쉬어야 할 때는 쉬자

몸이 지치고 힘들 때는 운동이 오히려 독이 된다. 과음을 했을 경우, 감기에 걸리거나 두통 등 질환이 있을 경우, 하루 일과를 너무 늦게 마친 경우, 몸이 많이 피곤할 때에는 운동보다 휴식이 필요하다. 또 배가 심하게 고프거나 지나치게 배부를 때에도 운동을 삼가야 한다.

예전에 한 건강 프로그램에서 방송인의 이야기를 들은 적이 있다. 활발하게 방송 활동을 하다 보면 지방 출장이 많은데, 아무리 먼 곳을 다녀오더라도 운동은 빠지지 않았다고 했다. 아무리 바쁘고 몸이 아파도 이상적인 운동 권장 사항인 하루 1시간, 일주일에 5번을 채우기 위해 노력했다고 한다. 하지만 몸은 점점 지치는 느낌을 받았고, 자주 잔병에 시달린다고 하였다. 이 말은 들은 프로그램의 전문가는 어떻게 조언을 했을까?

우리의 몸은 날마다 컨디션이 변화한다. 육체적으로 피곤하고 힘이 들 때는 운동을 쉬는 것이 정답이다. 몸이 피곤하면 여러 가지 피로물질이 쌓이기 때문에 휴식을 통해 컨디션을 회복하는 것이 우선이다. 정기적이고 꾸준한 운동이 좋은 것은 두말할 필요 없지만 몸이 피곤하고 지칠 때는 상황이 다르다. 건강을 위해 운동은 꾸준히 열심히 하는 것도 중요하지만 자신의 컨디션을 세심하게 살피고, 적절한 휴식도 중요하다는 점을 잊지 말자.

건강을 위한 운동은
평생 친구와 같다

운동은 무조건 즐거워야 한다. 운동이 즐겁지 않으면 하기 싫은 육체노동이 되고 지속하기 힘들어진다. 운동이 주는 다양한 순기능을 생각하며 즐겁게 해야 효과가 있는 것이다. 마음이 잘 맞는 친구, 가족 등과 함께하는 것이 운동을 지속하는 데 효과적이다. 무엇보다 자신이 가장 좋아하는 운동을 찾아 선택하는 것이 좋다.

인간은 평생 움직이며 살아야 한다. 인체의 움직임이 줄어들면 노화는 급속히 진행되어 건강을 잃게 된다. 특히 근육은 30세 전후에 정점을 찍으며 나이가 들면서 점차 감소하여 노년에는 근육의 양이 현저하게 줄어든다. 근육의 감소는 여러 가지 대사질환을 일으키며 낙상의 위험을 높이고 삶의 질을 떨어뜨리므로 우리는 평생에 걸쳐 꾸준히 운동해야 한다.

하지만 젊은 시절에 너무 심한 운동은 근골격계에 손상을 주어 노년의 삶의 질을 망칠 수 있다. 물론 젊은 시절(특히 사춘기)의 운동은 근육세포의 양을 늘려 주고 강한 정신력을 만들어 주기도 하지만, 젊은 시절의 무리한 운동은 관절에 무리를 주어 장년 이후 운동을 지속하는 데 방해 요인이 된다.

운동은 젊은 시절에 반짝 열심히 하고 마는 것이 아니다. 운동은 시작도 중요하지만 지속성이 더욱 중요하다. 건강을 위한 가장 이상적인 운동은 몸에 무리가 가지 않는 범위에서 꾸준히 해야 한다. 과도한 트레이닝이 되지 않도록 관리해야 하고, 이는 운동을 하는 모든 사람들이 꼭 알아야 하는 사항이다. 우리 몸은 잘 관리하면 100세를 넘어서 살 수 있도록 설계되어 있기 때문에 장기적인 운동 계획을 세워 평생 친구와 같이 함께하는 것이 중요하다.

좌식 업무가 많은
직장인을 위한 운동습관

현대 사회를 사는 직장인들은 운동의 필요성을 인식하면서도 바쁜 일상으로 인해 운동 시간을 마련하지 못한다. 필자 주변에 있는 많은 직장인들은 육체적·정신적으로 피로가 누적되어 있고 불규칙한 생활로 건강을 망치고 있다. 그렇기에 직장인들에게는 무엇보다 운동을 통한 건강관리가 중요하다.

직장인은 전문선수가 되려고 운동하는 것이 아니다. 대부분 건강의 증진과 활기찬 생활을 목적으로 한다. 직장인들이 운동을 못하는 이유는 바쁜 업무로 인해 시간이 없기 때문이라고 말한다. 운동할 시간이 없으면 최소한 신체 활동을 늘릴 수 있는 환경을 조성하는 것이 좋다. 좌식 업무를 주로 하는 사람이라면 근무지까지 대중교통을 이용하거나 계단을 이용하고 사무실 의자에서 20분마다 일어나서 물을 마시거나 움직이는 습관을 들이는 것이 좋다.

우리 몸은 장시간 움직이지 않고 압력을 받으면 신경과 혈관이 눌리게 되어 근육이 유착되고 지방 조직이 커지게 된다. 한자리에 오래 앉아 있거나 구부정한 자세는 엉덩이를 비롯한 온몸에 지방을 쌓이게 하고 허리 통증을 유발하는 직접적인 요인이다. 근육의 고착이 많은 엉덩이와 허리를 주무르고 두드리는 것만으로도 각종 통증을 없애는 효과가 있다.

필자의 주변만 봐도 대학 시절에 비해 체중이 평균 10kg 이상 증가한 친구들이 많다. 대부분 좌식 업무를 주로 하는 사무직 종사자들인데, 사회생활과 직장 생활을 하는 성인이라면 20대 시절의 몸매를 유지하기는 여간 어려운 상황이 아닐 수 없다. 일반적으로 남자는 군대 시절의 체중이, 여자는 결혼식 직전의 체중이 가장 이상적인 체중이라고 한다. 하지만 세월의 흐름에 따라 몸에는 지방이 쌓여 가고, 쉽게 되돌릴 수 없는 상태가 되고 만다.

최근 스마트 폰이 널리 보급되면서 많은 사람들의 자세에 문제가 생기고 있다. 평소 바른 자세로 앉는 습관을 들이고, 가능하면 팔걸이가 있는 의자를 사용하여 몸을 띄우는 습관을 만들면 좋다. 잠깐이라도 팔걸이를 이용하여 몸을 띄운다면 하체 혈액 순환과 팔 근육 강화, 허리 디스크 압력을 분산시키는 데 효과적이다.

① ② ③ ④
● 팔걸이 운동
의자를 이용한 팔걸이 운동은 체조의 평행봉 운동과 같은 효과를 낼 수 있다. 특히 요통이 있는 사람에게는 다리를 구부리고 몸을 띄우는 동작이 통증 감소에 도움을 준다.

대중교통을 이용할 경우 천장에 붙어 있는 손잡이를 이용해 팔을 당겨 뒤꿈치 들기를 하면 종아리와 발목근육을 단련할 수 있어서 좋다. 뒤꿈치 들기와 같은 운동은 대중교통을 기다리거나 탑승 시에 쉽게 할 수 있다. 물론 남의 시선을 아랑곳하지 않고 열심히 운동해서는 안 될 것이다. 최대한 남의 눈에 띄지 않게 시행해 보자. 짧은 시간이지만 기다리는 것이 지루하지 않고, 생각보다 운동의 효과가 좋을 것이다. 손잡이를 잡고 하는 뒤꿈치 들기는 발이 떨어지지 않는 범위 내에서 등척성운동이 권장된다.

직장인들의 운동은 회사에서 받은 스트레스를 해소시켜 주고 인체의 활력을 통해 업무의 효율을 증진시키기 위해 필요하다. 아침에 간단한 맨손체조라도 꼭 시작해 보길 바라며, 일상생활 중에서도 수시로 몸을 움직이는 습관을 가지도록 하자.

05

운동을 방해하는
통증과 부상

많은 사람들이 건강을 위해 운동을 하지만 무리하거나 잘못된 운동을 하면 통증이 생기거나 부상을 당하게 된다. 이를 '운동상해'라고 하는데, 준비운동을 충분하게 하지 않은 상태에서 무리하게 운동하거나 잘못된 동작이나 피로가 누적될 때 발생한다.

건강을 위해서 열심히 운동한 결과가 엉뚱하게 돌아오면 황당하기 그지없을 것이다. 아무리 좋은 약이라도 오남용한다면 몸을 망가뜨리듯이 운동도 마찬가지이다. 특히 운동은 바른 자세로 해야 운동을 통해 원하는 결과를 얻을 수 있다. 나쁜 자세로 운동을 한다면 열심히 노력한 결과가 엉뚱하게 돌아올 것이다.

운동자세가 바르지 못하면 통증이 생기고 관절의 가동 범위(ROM: Range of Movement)가 줄어들게 된다. 우리 몸의 근골격계는 서로 이어져 있어서 한 부분이 고장 나면 다른 부분이 보상작용을 하게 되고 자칫 몸의 균형이 깨지기 쉽다.

오른쪽 어깨가 아픈 사람이 안 아픈 왼쪽 팔을 자주 사용하다 보니 왼쪽의 어깨마저 아파지는 경우가 생기고, 오른쪽의 발목을 삔 사람이 절뚝거리며 왼쪽 발을 자주 사용하게 되면 왼쪽 발목에서도 통증이 일어나는 식이다.

운동 중 비뚤어진 자세는 관절의 통증을 유발하고 악순환의 시작이 되니 처음부터 바른 자세로 운동을 시작하는 것이 꾸준히 운동을 지속할 수 있는 현명한 방법이다. 운동을 잘하기 위해서는 자신의 몸 상태를 잘 알고 통증의 발생 시 현명하게 대처하는 방법을 알고 있어야 한다.

관절의
통증

    운동은 모든 관절에 자극을 주기 때문에 초보자는 운동 중에 관절을 다치거나 근육 손상을 일으킬 확률이 숙련자에 비해 상대적으로 높다. 운동에 대한 몸의 적응이 있기도 전에 무리하는 것이 원인이다.

  관절이 아파 본 사람이라면 그 불편함을 충분히 알 것이다. 통증은 손상으로부터 해당 부위를 보호하기 위한 뇌의 반사적인 작용이다. 만약 우리가 통증을 느끼지 못한다면 몸을 더 무리하여 망가뜨리는 결과를 가져올 것이다. 그런 의미에서 통증이라는 신호는 무리하지 말라는 신이 준 선물이라고 생각하면 좋다.

  관절은 좌우로 비트는 회전운동에 특히 취약하다. 관절을 감싸고 있는 근육이 충분히 풀리지 않은 상태에서 회전운동을 하면 손상될 확률이 높다. 일반적으로 30대가 넘어가면 관절의 노화가 진행되는데, 관절이 튼튼해야 건강하게 생활할 수 있다.

  관절은 몸을 움직일 수 있도록 하기 위해 두 뼈를 이어 주는 역할을 한다. 관절은 인대와 연골로 구성되어 이어진 두 개의 뼈가 부드럽게 움직이도록 해 준다. 관절의 통증에는 여러 가지 원인이 있다. 외부충격 등으로 인해 부상을 당하거나 올바르지 않은 자세로 운동을 지속했을 때 반복적인 스트레스가 누적되어 발생한다. 또한 너무 움직이지 않아서 근육의 유착이 생겨서 통증이 생기기도 한다.

  관절을 튼튼하게 하기 위해서는 자신의 능력에 맞는 적당한 운동을 찾아서 꾸준하게 해야 하는데, 특히 유연성운동과 근력운동이 관절 건강에 도움이 된다. 더불어 지구력을 키워 주는 유산소운동은 관절 건강에 큰 도움을 주지는 못하지만 심장과 혈관기능 향상에 큰 도움이 되니 병행하는 것이 좋다. 그리고 관절은 유기적으로 연결되어 있기 때문에 한 부분에서 통증이 발생하면 보상작용으로 인해 다른 부분도 불편해질 수 있다. 이러한 보상작용의 원리를 생각하여 교정운동과 스트레칭, 근력운동을 꾸준히 할 필요가 있다.

관절을 비롯한 근골격계 통증은 대부분 과사용에 의해서 발생한다. 운동을 오래 한 필자도 많은 통증을 경험했다. 무릎이 아픈데 보호대를 착용해 가면서 운동을 했었고, 시합에 나가기 위해 통증을 참아 가면서 운동을 했었다. 조금 과장되게 표현하면 온몸의 관절은 한 번씩 다 아파 본 것 같다. 지금 생각해 보면 국가를 대표해서 올림픽에 나가는 것도 아니었고 시합에서 우승한다고 부귀영화가 따라오는 것도 아니었는데 참 무모한 행동이었다.

관절이 아프면 운동으로 극복한다는 마음으로 그냥 열심히 운동했던 시절이었다. 관절에 대한 이해가 부족했고, 몸이 회복하는 원리를 잘 몰랐던 것이다. 이 책을 읽는 사람이라면 필자가 겪었던 시행착오를 겪지 않았으면 한다.

일단 통증이 발생하면 운동을 줄이고 휴식을 취하는 것이 우선이다. 좋아하는 운동을 오래도록 하고 싶으면 몸이 보내는 통증이라는 신호를 절대 무시해서는 안 된다. 그리고 몸에 대한 이해와 회복 원리를 알고 운동하는 것이 중요하다.

1) 무릎 통증

무릎 관절은 젊은 시절에는 왕성한 활동을 위해, 나이가 들어서는 건강을 위해 평생 잘 관리해야 하는 부분이다. 무릎을 비롯한 하체의 통증과 부상이 있으면 전신운동을 하는 것이 많이 힘들어진다. 젊은 사람일수록 무릎을 아껴야 하고, 건강을 위한 운동을 하기 위해서는 상체보다 하체의 건강이 더욱 중요하다.

① 반월상연골판 손상

무릎의 손상은 다양한데, 반월상연골판이라고 불리는 연골이 가장 흔하게 손상된다. 반월상연골판은 혈관이 잘 분포되지 않아서 저절로 치유되기가 쉽지 않기 때문에 특히 나이가 들어감에 따라 잘 관리해야 한다. 나이가 들면서 하체의 근력이 감소해 점프력이 약해지는데, 자칫 무리하게 점프하다가 연골판이 찢어지기라도 한다면 큰 불편함이 뒤따를 것이니 조심해야 한다.

② 십자인대 파열

스포츠를 즐기는 사람에게서 잘 나타나는 십자인대 파열 등도 유의해야 한다. 무릎 건강은 뒤틀림과 비만에 취약하기 때문에 격렬한 스포츠와 비만은 무릎관절의 부상 위험성을 높이니 주의해야 한다.

무릎관절의 건강을 위해 운동은 대단히 중요하다. 평소 관절 주변 스트레칭을 생활화하고, 무릎 강화를 위해 다리에 힘주기와 같은 가벼운 근력운동에서부터 스쿼트, 계단 오르기 등을 하면 무릎 관절 건강에 도움이 된다. 중요한 것은 통증이 없는 범위 내에서 하는 것이니 절대로 무리하지 말아야 한다.

2) 어깨 통증

어깨의 통증은 일반적으로 어깨 주변의 근육이 뭉쳐서 사용하지 않기 때문에 발생하는데, 잘못된 자세로 무리한 운동을 지속할 때도 발생한다. 많은 사람들이 나이가 들어감에 따라 어깨의 통증이 오면 오십견이라고 생각한다. 하지만 오십견은 50세 즈음에 많이 생기는 어깨 질환이라 오십견이라고 부르는 것이고, 정확한 명칭은 '동결견'이다. 이 동결견은 젊은 사람에게도 발생할 수 있으며, 다양한 원인이 있다.

① 회전근개 손상

어깨는 가장 많은 움직임을 가지는 관절로 회전근개라고 불리는 근육들에 의해 둘러싸여 있다. 회전근개는 극상근, 극하근, 견갑하근, 소원근으로 구성된다. 회전근개는 어깨를 돌리는 데 사용되고 어깨 관절을 단단하게 고정시키는 역할을 한다. 이 어깨회전근은 너무 자주 사용하거나 자칫 잘못하면 손상을 당하기 쉽기 때문에 평소 어깨 스트레칭과 적당한 근력운동을 통해 안정성을 강화할 필요가 있다.

② 관절와순 손상

야구선수 중 투수에게서 자주 발생하는 부상에 관절와순의 부상이 있다. 어깨의 와순은 연골이라 혈액이 잘 공급되지 않아서 회복이 상당히 어렵기 때문에 어깨를 자주 사용하는 투수와 같이 던지는 동작을 자주 하는 사람은 특별한 관리가 필요하다.

③ 어깨충돌증후근

어깨의 회전근과 어깨뼈의 지붕 역할을 하는 견봉이 서로 부딪히면 염증을 일으키는데, 이를 '어깨충돌증후근'이라고 한다. 이를 방치하면 통증이 지속되고 회전근개 파열로 이어지니 주의를 해야 한다. 헬스나 야구와 같이 어깨를 자주 사용하는 스포츠에서 발생된다. 찌르는 듯한 통증이 있다면 어깨충돌증후군을 의심해 봐야 한다.

위와 같은 어깨의 통증이 발생하면 어깨와 팔의 움직임이 줄어들게 되어 근육이 뭉치는 유착 현상이 일어나고 어깨 주변 근육의 유착은 두통을 일으키기도 한다. 통증이 있다면 무리하지 말고 휴식을 취하고 어깨 주변 근육을 스트레칭 하는 습관을 가지면 통증 예방과 치료에 도움이 된다.

3) 허리 통증

척추는 33개의 척추뼈로 구성되고 척추뼈는 각각 경추 7개, 흉추 12개, 요추 5개, 천추 5개, 미추 4개로 구성되어 있다. 성인이 되면 천추와 미추는 하나로 합쳐져 천골과 미골을 형성하게 된다. 척추뼈의 구조를 이해하면 허리의 통증을 예방하는 데 도움이 된다. 척추뼈는 주변에 많은 근육과 인대, 힘줄 등이 붙어 있다.

척추의 균형을 잘 유지하는 것은 건강을 위해서 매우 중요하다. 척추뼈가 휘어지게 되면 척추 안에 있는 척수신경이 눌려 많은 질환을 야기한다. 평소 바른 자세를 가지도록 노력하고 교정운동에 힘써야 한다.

최근 코어운동이 대중들의 많은 관심을 받고 있다. 우리 몸의 중심이 되는 근육을 강화해야만 건강과 운동능력 향상에 도움이 된다. 중심부에 있는 근육의 강화로 허리를 비롯한 척추뼈를 안정화시키는 것이 중요하다. 허리는 올바른 자세를 취하는 것만으로도 통증을 예방할 수 있다.

반면 허리에 가장 취약한 자세와 동작은 허리를 굽힌 상태에서 비틀고, 무거운 물건을 드는 자세이니 허리 건강을 위해서 꼭 명심해야 한다. 허리의 통증이 발생한다면 견인요법과 근력보강운동을 통해 개선할 수 있다.

4) 발목 통증

발목은 가장 많은 부하가 걸리고 쉽게 손상될 수 있는 관절이다. 축구, 농구 등 격렬한 스포츠를 즐기는 사람은 누구나 발목 통증을 경험해 봤을 것이다. 발목 주변에 있는 근육, 인대, 힘줄은 발목관절을 보호하고 자세를 유지할 수 있도록 안정성을 확보하는 역할을 한다.

운동 중에 발목관절을 감싸고 있는 인대와 근육, 힘줄이 한번 늘어나게 되면 완전히 회복되기가 쉽지 않고, 반복적으로 부상을 당하는 경우에는 발목관절의 구조적 형태도 조금씩 바뀌어 가게 되어 악순환이 계속된다. 그러므로 발목 염좌의 경우 근육과 인대를 초기에 제대로 치료하는 것이 중요하다.

또한 발목통증이 계속되면 보상작용으로 인해 다른 근육을 사용하게 되어 무릎이나 허리에까지 문제가 생길 수 있다. 그렇기 때문에 운동 중 발목통증이 발생하거나 부상 당했을 경우에는 안정을 취하며 스트레칭과 발목강화 운동을 하여 외부자극에 버틸 수 있는 힘을 키워 줘야 한다. 발목 통증으로 수술을 하는 경우도 주위에서 종종 볼 수 있다. 하지만 근본적인 원인을 치료하지 않은 상태에서의 수술은 크게 도움이 되지 않으니 신중해야 한다.

관절이 무너지면
건강도 무너진다 ⅢⅢⅢⅢⅢⅢⅢⅢⅢⅢⅢⅢⅢⅢⅢⅢⅢⅢⅢⅢ●

관절의 건강을 잃으면 삶의 질이 무척 떨어진다. 무릎이나 발목이 아프면 가까운 거리의 공원에 산책 가기도 힘들고, 어깨의 통증이 있으면 수면에 지장을 줘서 잠을 깊게 이루기도 힘들다. 허리가 조금이라도 아파 본 사람이라면 일상생활에서의 불편함을 알고 있을 것이다. 관절의 건강이 무너지면 몸의 움직임이 줄어들게 되고, 몸의 움직임이 줄어들면 내장기관이 약해져 여러 가지 대사적 질환을 일으킨다.

필자의 어린 시절 TV 속 영웅이었던 슈퍼맨의 연기자 크리스토퍼 리브는 낙상 사고 후 경추를 다쳐 하반신이 마비되었다. 하반신 마비는 몸의 움직임을 줄어들게 만들었고 몸의 움직임 감소는 인체의 대사적 저하를 일으켜 결국 심장질환으로 안타깝게 세상을 뜨게 되었다.

이렇듯 관절이 망가지고 몸의 움직임이 감소하면 건강을 해치게 마련이다. 특히 60세 이상의 어르신들은 낙상 사고에 주의하고 관절 건강에 더욱 신경을 써야 한다. 한번 다치면 젊은 사람들에 비해 회복의 속도가 느리고 건강이 급속도로 악화되기 때문에 평소 꾸준한 근력운동이 필요하다.

관절 건강에 좋은 운동은 단연 웨이트 트레이닝이다. 웨이트 트레이닝을 통해 관절 주변의 근육을 강화하여 보다 건강하게 생활할 수 있다. 필자의 대학 시절 좋아하는 선배가 있었는데, 고등학교 때까지 철인 10종 선수였다고 한다. 경기를 준비하는 중에 큰 부상을 당해 인체의 여러 곳에 통증이 생겼는데, 그 이후로 재활운동과 근육 강화 훈련의 매력에 빠져 보디빌딩선수가 된 사람이었다.

이외에도 많은 운동선수들이 사고나 부상으로 관절의 건강을 잃었다가 운동을 통해 회복되고 부상 전보다 더욱 강화된 사례가 많이 있다. 관절 건강은 운동을 통해 주변 근육을 강화시키고 보완하면 튼튼하게 사용할 수 있다.

바른 운동을 위한
근골격계의 이해

근골격계란 근육(muscle), 뼈(bone), 인대(ligament), 그리고 힘줄(tendon)을 통칭한다. 운동을 열심히 하다 보면 부상을 당할 수 있는데 근골격계의 특징을 알고 있으면 부상의 회복에 도움이 된다. 운동을 하다가 다쳤으면 근육을 다친 것인지, 아니면 힘줄('건'이라고도 부름)이나 인대, 뼈의 부상인지 의심해 봐야 한다. 예를 들어 축구를 하다가 발목이 삐끗해서 다치는 경우가 생기는데, 어떤 부분을 다쳤는지 알고 처치를 해야 회복에 도움이 된다.

우리 몸에는 길이와 장력에 반응하는 세포들이 있다. 대표적으로 근방추(muscle spindle)와 골지건기관(golgi-tendon organ)이라는 수용기가 있어 몸이 한계점까지 늘어나면 반사적으로 근육을 짧아지게 하여 손상을 막아 준다. 하지만 거친 운동이나 체력 수준 이상의 운동을 무리하다 보면 한계점 이상의 장력이 작용하여 손상을 입게 된다. 근육은 비교적 회복이 빠르지만 상대적으로 힘줄, 인대, 그리고 뼈는 회복 기간이 오래 걸린다.

단순히 근육의 손상이라면 2~3일 내에 좋아질 수도 있고, 길어도 3주 정도면 회복된다. 하지만 뼈가 부러진 상황이라면 6주에서 8주 정도의 회복 기간이 필요하고, 재활을 포함해 안정적으로 일상으로 복귀하기까지는 더 긴 시간이 걸릴 수도 있다.

힘줄과 인대는 뼈와 같이 단단한 조직이 아니고 혈관이 별로 없어서 손상을 입게 되면 회복이 더디다. 힘줄은 근육을 뼈에 부착시키는 조직을 말하며, 힘줄에는 많은 신경세포들이 분포하고 있다. 인대는 뼈와 뼈를 이어 주는 역할을 하는 섬유성 조직이다.

운동손상의
종류

운동은 부상이 없도록 해야 하지만 열심히 운동을 하다보면 다치는 경우가 생기는데, 아래의 내용을 참고하여 이해하자.

1) 염좌

운동을 하다가 삐끗하는 것을 '염좌'라고 한다. 근육이나 건, 또는 인대가 외부의 힘에 의해 지나치게 늘어나 일부가 찢어지거나 끊어진 것을 말한다. 근육이나 건이 충격에 의해서 늘어나거나 일부 찢어지는 경우를 'strain'이라 하고, 인대가 늘어나거나 일부 찢어지는 경우를 'sprain'이라고 말한다. 부상의 정도가 심해 인대나 근육의 일부가 아닌 전체가 끊어지는 경우는 '파열(rupture)'이라고 한다. 염좌는 어느 정도 손상이 되었느냐에 따라 1도에서 3도까지 구분한다.

① 1도 염좌

인대와 근육이 조금 늘어난 상태이다. 병원에 가지 않아도 2~3일이면 회복된다.

② 2도 염좌

부분 파열이 진행된 상태로 3주 정도의 회복 시간이 필요하다. 인대는 회복되는 과정에서 전과 같이 깔끔하게 낫지 않는다. 회복되면서 인대에 흉터가 남게 되며 길이가 짧아지고 탄성이 떨어진다.

③ 3도 염좌

완전히 근육과 인대가 파열이 된 상태를 말한다. 수술을 하거나 다른 주변 근육의 강화를 통해 회복할 수 있다.

2) 건염

건(힘줄)의 반복적인 자극에 의하여 염증반응 일으키는 것을 의미한다.

3) 좌상

외부로부터 충돌, 타박 등의 힘을 받아서 외부 상처는 없이 속으로 멍들고 출혈, 조직 파손 등 손상을 입은 것을 말한다.

4) 열상

날카로운 물체에 의해 피부에 손상을 입는 것을 의미한다.

5) 탈골

관절 부위에 뼈가 서로 어긋나는 것을 의미한다.

이러한 운동손상을 예방하기 위해서는 평소에 체력 요소를 골고루 향상시켜야 한다. 갑작스럽게 무리한 운동은 부상으로 이어지기 쉽다. 본 운동 전에는 반드시 준비운동을 철저하게 하고, 운동을 마치고 정리운동으로 마무리하는 습관을 만드는 것이 중요하다.

운동하다가
다친 경우

자녀가 운동 중에 부상을 당했거나 함께 운동하던 사람이 부상을 당했을 때 빠른 회복을 돕고자 하는 사람이라면 크게 아래의 네 가지만 기억하자.

1) 물어보자(History)

먼저 어떻게 다쳤는지 물어보자. 다치게 된 상황을 들어서 잘 모르겠거나 부상당한 사람이 재연이 가능하다면 어떻게 다친 상황인지 천천히 재연시켜 보자.

2) 눈으로 보자(Observation)

다친 부위가 퉁퉁 부었는지, 시퍼렇게 멍들거나 좌우 비대칭인지 눈으로 확인해 보자.

3) 만져 보자(Palpation)

손으로 만져 봐서 열이 나거나 붓기가 있는지 손의 촉감을 이용해 확인해 보자.

4) 가볍게 꺾어 보자(Stress test)

가볍게 눌러 보거나 꺾었을 때 통증이 심하다면 소리를 지르게 될 것이다. 심하게 소리를 지른다면 상태가 심한 것이니 빨리 병원에 가는 것이 좋다.

위의 과정을 진행해 보면 부상이 어느 정도인지 확인이 될 것이다. 간단한 검사 결과 안심이 된다면 하루 이틀 지켜보면 회복될 것이고, 검사를 진행한 결과 잘 모르겠거나 상태가 심각하다고 생각되면 빨리 병원에 가도록 하자.

빠른 회복을 위한
응급처치의 법칙 ||||||||||||||||||||||||||||||||||||||||||||||||||||||||||

운동을 열심히 하다 보면 부상이 발생할 수 있다. 부상을 심하게 당하면 통증, 붓기, 열, 멍들기의 네 가지 증상이 나타난다. 이 네 가지를 'Symptom & Signs'라고 한다. 네 가지의 증상이 모두 나타나면 심하게 다친 상황이다. 이렇게 부상이 발생하면 최대한 빨리 응급처치를 해야만 회복에 걸리는 시간을 앞당길 수 있다. 운동을 즐기는 사람이라면 PRICE의 법칙을 알고 머릿속에 익혀 두자.

1) P(Protection)

부상 부위를 고정해야 한다. 부상 부위가 움직이면 다른 2차 손상이 올 수 있으므로 가능한 고정하고 움직이지 말아야 한다. 특히 다친 부위를 마사지하거나 당기면 절대 안 된다.

2) R(Rest)

부상당한 부위를 휴식시키고 안정시켜야 한다. 움직임을 최소화하지 않는다면 손상 부위가 더욱 악화될 수 있다.

3) I(Ice)

부상을 당하면 먼저 붓기를 가라앉히고 염증의 확산을 막기 위해 냉찜질을 해야 한다. 간혹 다친 부위에 온찜질이 좋다 하여 뜨거운 찜질을 하는 경우가 있는데, 불난 곳에 기름을 붓는 격이다. 뜨거운 찜질은 최소한 붓기가 가라앉는 시점에 시작하도록 하자. 일반적으로 냉찜질은 72시간 정도가 원칙이고, 이후에도 통증이 심하고 시퍼렇게 멍이 들어 있으며 환부에 붓기나 열감 등이 있다면 냉찜질을 충분히 지속해야 한다. 붓기와 열감 등이 사라지면 온찜질을 해야 하고, 이러한 온찜질은 혈액 순환을 도와 빠른 회복을 돕는다.

4) C(Compression)

손상부위의 압박은 붓는 것을 억제한다. 다친 곳을 붕대 등을 이용하여 얼음찜질 전후에 압박해야 한다. 너무 강하게 해서는 안 되고, 불편함이 없는 수준의 압박이 좋다. 이때 다친 곳의 혈액의 흐름이 원활한지 살펴봐야 하고, 감각이 잘 전달되는 범위의 압박인지 살펴봐야 한다.

5) E(Elevation)

환부를 심장보다 높게 하는 것이 좋다. 혈액은 심장으로부터 뿜어져 나오기 때문에 가능한 환부를 심장보다 높게 하여 혈액이 몰리는 것을 피해야 한다.

운동 중에 부상을 당한 경험이 있는 사람은 또 다른 부상을 당할 확률이 높다. 그 이유는 인대가 손상되면 인대에 위치한 신경수용체(Neuro-Receptor)가 함께 손상되기 때문이다. 공간상에서 우리 몸의 위치를 감지하는 고유수용기가 불안정해지는 것이다. 그러면 쉽게 넘어지고 다쳐서 부상이 반복되고, 부상이 반복되면 만성질환이 되기 쉽다.

고유수용기는 중추신경계로 근육, 인대, 힘줄, 관절의 감각을 전달하는 감각기관으로 무의식적인 신체의 동작, 위치 변화, 근육 길이의 변화를 조절한다. 고유수용기는 근육의 지나친 늘어남을 방지하는 근방추와 근육의 수축을 억제하는 골지건으로 구성된다.

노화가 진행되면 고유수용기의 감각도 약해지므로 꾸준한 운동을 통해 몸을 강화시키는 것이 중요하다. 고유수용기의 감각을 키우기 위해서는 한발서기와 같은 운동이 좋으니 근력과 균형감각 발달을 위해 한발서기 운동을 꾸준히 실천해 보자.

몸을 빨리 회복시키는
재활운동의 원리

몸이 다치면 휴식이 중요하다. 휴식을 취하면 몸은 원래 상태로 돌아가려는 성질을 가지고 있기 때문에 시간이 흐름에 따라 서서히 회복된다. 이때 가만히 몸이 회복되기를 기다리는 것보다 적당한 운동을 하면 조직이 더욱 빠르게 회복되는데, 재활운동은 회복에 필요한 시간을 더 앞당겨 일상과 현장으로의 복귀 시기를 앞당긴다.

필자는 어린 시절부터 운동을 즐겨 왔고 선수 생활도 경험하였기에 많은 관절의 통증을 경험해 봤다. 지금 생각해 보면 관절의 특성에 대한 무지함 때문에 많은 통증이 발생했던 것이다. 통증이 심해 병원에 가서 수

술을 권장받은 적도 많다. 하지만 아직까지 수술은 한 번도 하지 않았고 스트레칭과 근육 강화 훈련으로 관리하면서 생활을 하고 있다. 통증이 생기면 성급하게 수술을 하는 경우가 많은데 바람직하지 않다. 병원에서 수술을 권유받았다면 최소한 세 군데 정도는 다른 병원에서 진료를 받아 보길 권장한다. 수술은 아무리 잘됐다고 해도 몸에 무리를 주게 되기 때문에 가능하면 보존적인 치료가 우선이 되어야 한다. 수술 없이 통증을 관리하는 방법이 바로 재활운동이다.

재활운동에는 다양한 원칙이 있다. 일반적으로 앞서 말한 트레이닝의 원칙과 일맥상통한다. 운동 중 다친 사람의 개별 특성에 따라 점진적으로 해야 하고, 꾸준히 통증이 없는 범위 내에서 해야 한다.

재활운동 또한 너무 조급한 마음을 가진다면 재활에 성공하기 어렵다. 예를 들면 무릎을 다친 사람이 무릎 주변 근육을 강화하기 위해 근력운동을 무리하게 시행하는 경우를 볼 수 있는데, 재활에 있어 근육의 강화보다 더 중요한 것이 관절의 가동 범위 확보이다. 일단 스트레칭을 통해 평소 가지고 있던 유연성을 회복하고, 무리가 가지 않는 범위 내에서 근육을 강화하는 것이 순서이다.

대부분의 사람들이 통증이 없어지면 다시 무리하기 쉽다. 하지만 손상된 부분은 보상작용을 통해 다른 근육이 미세하게 변화된 상황이다. 충분히 회복 시간을 가지고 운동으로 복귀해야 부상의 악순환을 방지할 수 있다.

또한 재활운동을 통해 빠른 회복을 하기 위해서는 운동을 할 수 있는 곳이 너무 멀지 않아야 한다. 가능하다면 집에서 혼자서도 꾸준히 할 수 있어야 좋다. 필자도 예전에 허리 통증이 있어 유명한 허리 재활병원에 등록해서 다닌 적이 있는데, 대중교통으로 왕복 1시간이 소요되고 금액도 비싸서 오래 지속하지 못했던 경험이 있다. 가깝고 저렴한 재활운동 공간이 있다면 더할 나위 없겠지만 그렇지 않다면 홈트레이닝을 활용하자.

관절의 가동 범위를
조절하자

팔굽혀펴기와 스쿼트는 몸을 강화하는 좋은 운동이어서 많은 사람들이 건강을 위해 실천하고 있다. 하지만 근골격계 질환을 가지고 있는 환자에게도 이러한 운동이 과연 좋을까?

아무리 몸에 좋다는 운동도 어떻게 하느냐에 따라서 몸에 좋을 수도 있고 나쁠 수도 있다. 상체 근육 강화를 위한 팔굽혀펴기는 어깨와 팔꿈치 관절에 무리가 갈 수 있고, 하체 근육 강화를 위한 스쿼트는 무릎 통증을 유발할 수 있다. 관절에 통증이 없는 사람이라면 관절을 가동 범위가 허용하는 범위까지 정자세로 운동을 해도 관계가 없으나 질환이 있거나 고령자들에게는 관절의 가동 범위를 정상인에 비해 현격하게 줄이는 것이 좋다.

아무리 몸에 좋은 운동이라도 몸이 허락하는 범위를 넘어서게 되면 통증이 발생한다. 이를 무시하고 운동을 지속하게 되면 만성질환으로 발전하니 관절의 가동 범위를 잘 조절하여 몸에 보탬이 되는 운동을 해야 한다.

06

운동에 관한
오해와 진실

운동을 하다 보면 주위로부터 검증되지 않은 이야기를 종종 듣게 된다. 운동에
관한 정확한 지식이 없는 상태에서 주위로부터 들려오는 내용을 사실로 받아들
이게 되면 결과적으로 운동의 효과가 떨어진다. 이 장에서는 많은 사람들이 잘
못 알고 있는 운동에 관한 오해와 진실을 설명하고자 한다.

운동은 주말에
몰아서 해도 좋다? ⣿⣿⣿⣿⣿⣿⣿⣿⣿⣿⣿⣿⣿⣿⣿⣿⣿⣿⣿⣿⣿⣿●

　　많은 사람들이 주말에 운동을 몰아서 한다. 특히 직장인들은 바쁜 업무로 인해 주말운동을 많이 한다. 우리 몸이 건강상 트레이닝의 효과를 얻기 위해서는 주 3회 이상의 정기적인 운동이 필요하다. 예를 들어 일주일에 월·수·금 각 1시간씩 운동하는 사람과 주중에는 운동을 하지 않다가 토요일에 3시간을 몰아서 운동하는 사람을 비교해 보면 월·수·금 각 1시간씩 운동을 한 사람이 훨씬 더 신체적으로 긍정적인 효과를 얻을 수 있다.

　아예 운동을 하지 않는 것보다 주말이라도 운동을 하는 것 자체는 나쁘지 않지만, 주말에 너무 많은 강도의 운동을 몰아서 하는 것이 문제이다. 예를 들어 평소 전혀 운동을 하지 않던 사람이 주말마다 야구 동호회에 가서 4~5시간 운동을 한다면 부상의 위험성이 높고, 주말이 끝난 월요일부터는 뒤늦게 찾아오는 피로감과 근육의 통증 때문에 일상생활에 지장을 준다.

　평일에 바쁜 관계로 운동을 못했다고 해서 주말에 운동을 몰아서 하는 일은 효과적이지 않다. 그래도 시간이 없어서 주말운동밖에는 방법이 없다면 평소 조금씩이라도 주말운동을 대비해 체력을 키우는 것이 중요하다.

운동은
아침운동이 좋다 vs 저녁운동이 좋다 ⅼⅼⅼⅼⅼⅼⅼⅼⅼⅼ●

운동은 언제 할 것인가? 아침운동이 좋은지, 아니면 저녁운동이 좋은지 사람들 사이에 의견이 분분하다. 운동과학자들조차도 이론이 각기 다르며, 사람마다 체질과 생활양식이 다르기 때문에 정답은 없다.

아침운동의 장점은 체지방 제거에 효과적이라는 점이다. 우리 몸의 지방은 당분을 다 없애고 난 다음에 소비된다. 하루 중에 가장 체내 당분이 적은 시기가 아침이기 때문에 아침운동은 점심이나 저녁보다 체지방 제거에 효과적이다. 또한 아침운동으로 몸의 대사기능을 활발하게 해 주면 일과 중 에너지를 더 많이 소비하게 한다.

하지만 아침에는 근육이 잘 풀리지 않은 상태이기 때문에 무리하다가 부상을 당할 수 있고, 과도한 운동으로 체력을 소진하면 일과 시간에 피로감이 오기 쉽다. 또 저혈당인 사람이 무리하게 운동을 하면 어지럼증과 두통 등의 부작용이 따르니 주의해야 한다.

저녁운동의 장점은 하루 일과를 마감한 홀가분한 상태에서의 운동이고, 하루 일과 중 받았던 스트레스를 날릴 수 있어서 좋다는 점이다. 또 운동의 강도를 조금 무리하더라도 집에서 편히 쉴 수 있는 장점이 있다.

하지만 저녁에는 운동을 하지 못하게 될 다양한 변수가 있다. 운동할 시간에 급한 일이 생길 수도 있고, 직장인이라면 회식이 있을 수 있어 아침보다 운동을 주기적으로 시행하지 못할 확률이 높다. 더불어 수면 직전의 과격한 운동은 깊은 잠을 이루기 어렵게 하기 때문에 지양해야 한다.

아침운동과 저녁운동의 선택은 사람마다 생활방식이 다르고 인체의 생활리듬이 제각각이기 때문에 자신의 생활리듬에 맞게 하는 것이 가장 좋다. 굳이 아침운동과 저녁운동의 권장 사항을 말하라면 아침에는 몸의 활력을 깨우는 가벼운 운동이 적합하고, 일과를 마치고 나서는 체력 향상을 위한 운동이 권장된다.

운동 중
물을 마셔라 VS 마시지 마라

운동 중에는 물을 마셔야 할까? 축구 경기나 격투기 경기를 TV에서 보면 선수들이 물을 마시지 않고 밖으로 뱉어 낸다. 그 이유는 물을 마시게 되면 복부에 불편함을 느끼게 되고 경기력에 심리적인 영향을 미치기 때문에 의식적으로 마시지 않는 것이다. 하지만 생리적으로 봤을 때는 운동 중 물을 반드시 마셔야 한다.

운동을 하면 체내 수분이 발산되면서 혈액이 끈적거리게 된다. 갈증은 인체의 대사를 유지하기 위한 몸의 자연스러운 신호이며, 이를 무시하면 안 되므로 물을 수시로 섭취해야 한다. 운동 중 물을 마시지 않으면 대사에 문제가 생기므로 빨리 물을 마셔 줘야 그 문제가 해결될 것이다.

가능하다면 갈증을 느끼기 전에 물을 마시는 것이 몸에 더 이롭다. 운동 중에 물을 마시면 노폐물이 잘 배출되고 혈액 순환이 더욱 원활해지니 운동 중에는 꼭 수시로 물을 마셔야 한다.

만약 운동지도자가 운동 중 물을 마시지 못하게 했다면 물을 마시는 것으로 인해 수업에 방해가 되거나 운동에 참여하는 사람들의 정신력 강화를 위해서였을 것이다.

여자도 근육운동을 하면
근육이 울퉁불퉁 생긴다?

여자와 남자는 호르몬 자체가 다르고 근육의 양도 다르다. 여자가 남자처럼 우람한 근육을 가지기 위해서는 남자보다 몇 배의 노력을 해야 한다. 간혹 근육운동을 해서 팔이 우람해진 것 같다고 말하는 여성들이 있다. 이는 근육운동을 통해 운동한 근육에 영양을 공급하고 피로물질을 제거하기 위해 혈액과 수분이 몰리는 일시적인 현상이지 근육이 우람해진 것이 아니다.

소위 말해 현장에서는 '펌핑 되었다'는 표현을 쓰는데 근육이 커진 것이 아니기 때문에 시간이 지나면 다시 원상태로 돌아간다. 이때 몰려 있는 혈액과 수분을 분산시키기 위해 스트레칭과 마사지를 한다면 커져 보이는 근육이 원상태로 빠르게 돌아갈 것이다.

운동을 하면 몸이 탄력적이고 훨씬 더 멋진 몸매가 될 것이다. 그래도 몸이 두꺼워질까 봐 걱정된다면 과도한 무게를 이용한 저항운동이 아닌 가벼운 무게로 횟수를 높여 운동하자. 가늘고 탄력 넘치는 몸으로 변화할 것이다.

여자가 근육운동을 하면
가슴이 작아진다? ▰▰▰▰▰▰▰▰▰▰▰▰▰▰▰▰▰●

위에서 말한 내용과 어느 정도는 일맥상통한다. 여자의 가슴은 80% 이상이 지방으로 이루어져 있는데, 운동을 하게 되면 지방이 분해돼 가슴이 작아지는 것처럼 보일 수 있다.

하지만 가슴의 지방이 제거될 만큼 운동을 열심히 했다면 몸의 근육량이 늘어 탄력 있고 멋진 체형으로 변했다는 뜻이다. 전체적으로 더욱 매력적으로 보일 것이니 큰 걱정은 안 해도 된다.

물만 마셔도
살이 찌는 체질이 있다? ▰▰▰▰▰▰▰▰▰▰▰▰▰▰▰●

다이어트를 실패하는 사람들 중에서 이런 말을 하는 사람들을 주위에서 쉽게 찾아볼 수 있다. 정말 맞는 말일까? 여러 연구들의 결과를 보면 비만은 유전과 밀접한 관계가 있다. 비만 유전자의 종류에는 여러 가지가 있는데, 부모가 비만한 경우에 자식이 비만할 확률이 상당히 높아지기 때문에 다이어트에 불리한 것이 사실이다.

연구에 의하면 정상 체중의 부모를 둔 어린이들은 약 10% 정도만 비만이었지만 부모가 한쪽이나 양쪽 모두 비만한 경우에는 약 80%까지 증가한다고 한다. 연구 결과가 의심이 된다면 주위를 한번 살펴보자. 이러한 결과는 유전과 연관이 있으며 부모가 가지고 있는 식습관과 운동습관이 중요하게 작용한다.

실제로 물은 칼로리가 없으니 마셔도 살이 찔 수는 없다. 물만 마셔도 살이 찐다는 사람은 실제로는 다른 음식을 더 먹었거나 인체의 대사기능이 떨어져 있을 확률이 높다.

물려받은 체질 때문에 실망하지 말고, 운동을 통해 떨어진 대사기능을 활성화하자. 그리고 운동과 더불어 식이조절로 건강한 몸을 가지도록 노력하자.

관절이 안 좋으면 절대 사용하면 안 된다?

일단 아프면 쉬는 게 상책이다. 대부분의 관절통증은 과사용에서 오기 때문이다. 하지만 오랜 기간 무조건적인 휴식은 상태를 더욱 악화시킨다. 예를 들어 무릎관절이 안 좋다고 걷지 않는다면 근육의 손실이 빠르게 진행되어 상태가 더욱 나빠진다.

무릎 부상으로 오랜 기간 병상에 누워 있었던 환자의 경우, 퇴원할 때 허벅지의 크기가 눈으로 보일 정도로 근육이 감소된다. 관절을 감싸고 있는 근육의 감소는 외부 충격으로부터 관절을 보호할 수 없기 때문에 부담을 주게 된다.

규칙적이고 적당한 강도의 걷기나 달리기는 관절염을 극복하는 데 큰 도움을 준다. 다만 통증이 없는 범위 내에서 하고 점차 강도를 높여야 한다. 관절이 약한 사람에게 무리한 운동은 독이 될 수 있으므로 물의 부력을 이용한 수중운동이 권장된다.

운동을 중단하면 근육이 지방으로 변한다?

젊은 시절에 탄탄한 몸을 가졌던 운동선수들이 은퇴 후 체중이 증가하는 모습을 본 적이 있을 것이다. 운동을 중단하여 근육이 지방으로 변한 것일까?

이러한 현상은 근육이 지방으로 바뀐 것은 아니다. 운동을 중단하면 근섬유가 느슨해지고 근육 조직 사이에는 지방이 끼어들게 되어 근육이 지방으로 변한 것 같다는 착각을 하게 된다. 하지만 이러한 현상은 운동을 중단하여 소모하던 에너지가 줄어 체지방이 늘어난 것이지, 근육이 지방으로 변한 것이 아니다.

전문 선수들은 운동을 중단하면 선수 시절만큼 운동은 하지 않으면서 식습관이 유지되기 때문에 일반인에 비해 체지방이 빠르게 증가하는 편이다. 그래서 마치 선수 시절의 근육이 체지방으로 변한 것처럼 보이게 되는 것이다.

땀이 나지 않으면
운동의 효과가 없다? ㅣㅣㅣㅣㅣㅣㅣㅣㅣㅣㅣㅣㅣㅣㅣㅣㅣㅣㅣㅣㅣㅣㅣㅣㅣㅣㅣㅣㅣㅣㅣ●

체질적으로 땀이 잘 안 나는 사람이 있고, 땀이 많이 나는 사람이 있다. 필자도 운동을 열심히 해도 웬만해서는 땀이 나지 않는 체질이다. 예전에 한창 운동할 때 코치로부터 "너는 왜 땀이 나지 않느냐"라며 억울하게 지적을 받은 적도 많다. 하지만 땀은 운동으로 인해 높아진 체온을 조절하는 것뿐이지, 땀이 나지 않았다고 운동이 제대로 안 된 것은 아니다.

땀을 내기 위해 옷을 껴입고 운동하는 경우를 주위에서 종종 볼 수 있다. 땀이 많이 나면 일시적인 탈수 현상으로 몸무게가 줄어든다. 이는 지방이 제거된 것이 아니라 일시적인 탈수 현상이기 때문에 의미가 없다. 땀복을 입고 운동을 하는 경우는 체급경기를 하는 선수들이 일시적인 체중 감량을 위해 하거나, 준비운동 시 체온을 빨리 올려서 혈액 순환을 빠르게 하기 위함이다.

운동을 할 때는 땀을 많이 흘릴수록 좋다고 생각하는 사람들도 많다. 하지만 몸에서 급격히 수분이 빠져나가면 탈수로 인한 혈액 순환 장애와 어지럼증, 근육경련이 올 수 있기 때문에 지나친 땀을 흘리는 것은 좋지 않다. 일반적으로 과체중인 사람은 정상 체중인 사람에 비해 땀을 많이 흘리는데, 체지방이 피복 역할을 하여 체온을 상대적으로 많이 상승시키기 때문이다.

운동은
많이 할수록 좋다?

너무 많은 운동량은 오히려 독이 된다. 과도한 트레이닝은 근육이나 관절에 손상을 주며, 면역계의 기능을 저하시키고, 피로물질이 쌓이게 되어 부상을 야기한다.

유산소운동이 건강 증진에 좋다고 하여 양으로 승부하는 사람들이 있다. 물론 체지방을 제거해 체중 감량에 도움이 되지만 과도한 유산소운동은 관절의 상해는 물론이고, 근육의 손실까지 가져온다.

유산소운동의 주요 에너지원은 지방이다. 하지만 과도한 유산소 훈련으로 운동의 강도가 높아지면 지방이 한없이 빠져나가는 것이 아니라 근육을 분해하여 에너지를 얻게 된다. 체중 감량에 있어서 근육은 손실 없이 체지방만 제거하는 것이 효과적인데, 근육과 체지방이 같이 없어지면 몸의 기초대사량이 낮아져 쉽게 요요현상을 경험하게 된다.

무엇이든 과하면 탈이 나기 쉽다. 운동도 적당히 해야 하고, 지나치면 몸을 상하게 한다. 너무 오랜 시간 운동을 하면 몸이 지치기 쉽고, 꾸준히 지속하기도 어렵다. 사람마다 나이, 운동능력, 그리고 체질 등이 다양하기 때문에 자신에게 가장 적합한 운동 시간을 스스로 찾아야 한다.

건강을 위해서는 일반적으로 일주일에 3회~6회, 한번 운동할 때 1시간 내외의 운동이 좋다. 건강을 위해 운동을 하고 싶은데 시간이 없다면 10분~20분이라도 투자해 보자. 운동도 가능하면 짧은 시간에 효과적으로 하는 방법이 좋다. 단 20분 정도만 운동을 해도 몸의 각 기관에 긍정적인 영향을 준다는 보고가 많이 있다. 10분의 운동이라도 안 하는 것보다 100번 낫다. 운동은 '시간이 남아서 하는 것이 아니고 시간을 내서 하는 것'이다.

운동은 일반적으로 2시간 이내로 해야 몸에 무리가 없다. 하루 3시간 이상의 고강도 훈련을 하는 선수들은 과훈련으로 몸을 상하게 하는 경우가 있으니 주의해야 한다.

근육운동을 하면
유연성을 잃게 되는가?

근육이 발달하면 우수한 보디빌더는 큰 근육을 가지고 있지만 유연성도 좋은 편이다. 지금까지 밝혀진 연구 결과에 의하면, 근육이 성장하여 유연성이 떨어진다는 말은 전혀 근거 없는 말이다. 그래도 걱정된다면 웨이트 트레이닝 전후로 관절의 가동 범위를 늘리기 위한 스트레칭을 꾸준히 하는 것이 좋다.

근육운동은 체중을 줄이는 데
도움이 되지 않는다? ▪▪▪▪▪▪▪▪▪▪▪▪▪▪▪▪▪▪▪●

저항운동은 신체의 구성성분을 긍정적으로 변화시키는 데 큰 도움을 준다. 체중이 줄어들지 않더라도 신체의 성분을 긍정적으로 변화시키기 때문에 근육의 양은 증가하고 체지방은 줄어든다. 근육은 지방보다 더 많은 에너지를 사용하기 때문에 저항운동을 하게 되면 멋진 몸을 만들고 인체의 대사를 활발하게 하는 데 큰 도움이 된다.

음식에도 편식이 좋지 않듯이 운동도 한쪽으로 치우치면 바람직하지 못하다. 건강이나 체중 감량이 목표라면 저항운동과 유산소성 운동을 적절히 병행하는 것이 좋다.

운동을 하면
살이 빠지는 순서가 있다? ▪▪▪▪▪▪▪▪▪▪▪▪▪▪▪▪●

운동을 하면 체중이 감소되는데, 살이 빠지는 순서가 있을까? 성별과 체질에 따라 개인차가 있긴 하지만 실제로 살이 빠지는 순서가 있다.

일반적으로 살이 찌는 순서는 엉덩이, 허벅지, 복부, 가슴, 팔뚝, 얼굴 순이며 살이 빠지는 순서는 그 반대이다. 상체가 하체보다 살이 더 빨리 빠지고 상체에서도 얼굴이 가장 먼저 빠진다.

얼굴은 지방보다 근육이 많이 분포되어 있고 지방을 빨리 분해하는 물질이 다른 부위보다 많기 때문이다. 야근을 하거나 감기몸살 등으로 몸이 아팠을 때 얼굴이 야위어 보이는 이유가 여기에 있다. 그다음은 팔뚝, 가슴이 빠지고 보이지 않는 부위인 허벅지와 엉덩이 살은 가장 마지막에 빠진다.

복부는 살이 잘 빠지기는 하지만 그만큼 살이 금방 찌는 부위이다. 특히 남성이 여성에 비해 복부 지방이 쌓이기 쉽다. 또한 나이가 들면서 몸의 근육량이 감소하고 호르몬의 변화 때문에 복부에 쉽게 살이 찌게 되어 체형이 변화한다. 복부의 지방은 주로 중성지방 형태로 쌓인다. 복부의 지방은 고혈압과 당뇨병 등을 유발하기 때문에 운동과 식이요법을 통해 꼭 제거해야 한다.

허벅지, 엉덩이와 같은 하체 부위는 살이 금방 찌고 가장 늦게 빠진다. 하체는 좌식 생활로 인해 잘 움직이지 않기 때문에 혈액 순환이 잘 이루어지지 않아 살이 잘 빠지지 않는다. 특히 오랜 시간 앉아서 근무하는 사람들은 하체 비만에 걸릴 확률이 높다. 이렇듯 혈관이 발달해 혈액 순환이 잘되는 곳은 비교적 살이 잘 빠지고, 그렇지 않은 곳은 잘 빠지지 않는다.

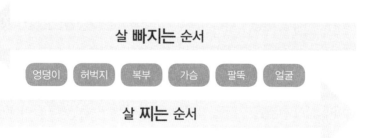

● 살이 찌고 빠지는 순서
살이 찔 때는 일반적으로 하체가 먼저 찌고 상체가 나중에 찐다. 살이 빠지는 순서는 이와 반대이다.

뱃살을 빼려면
윗몸일으키기가 최고다? ▪▪▪▪▪▪▪▪▪▪▪▪▪▪▪▪▪▪▪▪▪

윗몸일으키기는 복근을 강화하는 운동이지 뱃살을 빼는 운동이 아니다. 많은 사람들이 뱃살 빼는 운동으로 윗몸일으키기를 하고 있지만 실제로 뱃살 제거에는 효과적이지 못하다. 또 헬스장에 가면 훌라후프나 벨트 마사지기를 이용해 물리적으로 뱃살을 제거하려고 하는 사람들을 볼 수 있는데, 혈액 순환에는 도움을 주겠으나 복부지방 제거에는 과학적으로 밝혀진 바가 없는 행동이다.

복부지방이 생기는 원인은 활동에 필요한 에너지보다 과잉 섭취된 영양분이 남아서 복부에 몰려 생긴 것이라고 보면 된다. 복부지방을 태우기 위해서는 근육량을 늘려서 기초대사율을 올리는 것이 중요하고, 복부에만 중점적으로 힘을 가하는 윗몸일으키기보다는 걷기와 자전거 타기와 같은 유산소운동이 뱃살을 제거하는 데 효과적이다.

더불어 복부근육의 강화를 위해서는 윗몸일으키기보다는 플랭크와 같은 운동이 권장되고 있다. 윗몸일으키기의 과도한 동작이 허리와 목에 부담을 주어 상해를 유발하기 때문이다. 윗몸일으키기를 할 때는 전문가에게 자세를 교정받고 가동 범위를 줄여 안전하게 하는 것이 중요하다.

헬스장에 가면 특정 부위만 살을 빼고 싶다고 그 부분만 집중적으로 운동하는 사람들을 쉽게 찾아볼 수 있다. 하지만 한 부분만 집중적으로 운동한다고 해서 그 부분의 지방만 쏙 빠지는 것은 아니다. 우리 몸속의 지방은 온몸에 골고루 퍼져 있기 때문에 유산소성 운동을 통하여 체내의 지방이 전체적으로 감소하게 된다. 다만 특정 부위의 운동으로 근육이 더 강화되기 때문에 더 탄력적으로 보일 수는 있다.

운동 후 과일은
마음껏 먹어도 된다?

많은 사람들이 과일은 살이 찌지 않는다고 생각하고 마음껏 먹는다. 과일에는 각종 영양소가 풍부하고 항암 효과가 뛰어나 건강에 좋기 때문에 많이 먹어도 좋다고 생각하는 경향이 많다. 하지만 과일에도 칼로리가 있어 과도하게 섭취하면 살이 찌기 때문에 적당히 먹어야 한다.

과일은 단당류의 탄수화물로 몸에 쉽게 저장되고 흡수된다. 과일도 지나치게 많이 먹으면 남은 칼로리가 몸에 쌓여 운동이 헛수고가 될 수도 있으니 적당하게 먹어야 한다. 과일은 운동 후 섭취하면 좋은 음식이지만, 운동 후 마음껏 먹어도 되는 것은 아니다.

오늘날 많은 사람들이 운동의 필요성을 느끼고 있다. 운동과학 발달로 인해 보다 효과적인 운동법이 알려지고 있지만, 아직도 많은 사람들이 과학적이지 못한 방법으로 운동을 하거나 잘못된 운동 상식을 가지고 있는 것이 현실이다. 운동도 제대로 알고 하는 것이 중요한데, 조금만 관심을 가지고 배운다면 100세 시대를 살아가는 현대인들에게 큰 도움이 될 것이다.

오랜 기간 직접 운동을 하고 여러 사람들을 지도하면서 많은 것을 느꼈다. 조금 더 효과적으로 운동하기 위한 방법을 알고자 노력했고, 그 과정에서 소중한 노하우가 생겼다. 오랜 경험과 운동과학 공부를 통해 알게 된 지식을 여러 사람들에게 알리기 위해 책을 출간하게 되어 기쁘고 감사하게 생각한다. 이 책이 운동을 하는 모든 사람에게 긍정적인 변화를 주었으면 하는 바람이다.

끝으로 항상 옆에서 응원해 주시는 부모님과 사랑하는 가족, 발전을 위해 항상 노력하시는 존경하는 교수님들, 열정 넘치는 소중한 제자들, 내 주변의 모든 이에게 감사의 인사를 전하고 싶다.